BUKU MASALAH CUTI VEGAN MUKTAMAD

100 Pesta Perayaan Dikuasakan Tumbuhan untuk Setiap Majlis

Jane Sulaiman

ISI KANDUNGAN

- ISI KANDUNGAN 3
- PENGENALAN 6
- **RESEPI ASAS VEGAN & BERASASKAN TUMBUHAN** 7
  1. Kuah Vegan 8
  2. Pengisian Vegan 10
  3. Turki Vegan 12
  4. Sos Kranberi Vegan 14
- **PEMAPIS & KUDAPAN** 16
  5. Lada Loceng Sumbat 17
  6. Cuti Cendawan Sumbat 19
  7. Epal Bakar Ketuhar 21
  8. Falafel Bakar 23
  9. Enchilada percutian 25
  10. Biji Labu Bakar 27
  11. Bebola Bayam Ubi 29
  12. Gula & Kacang Rempah 31
  13. Kerepek 33
  14. Vegan Cranberry dan Brie Bites 35
  15. Bebola Tumbuk Kentang 37
  16. Gigitan keledek 39
  17. Keju Tex-Mex dan Roti Jagung 41
  18. Dibakar gigitan ravioli 43
  19. Keladi Gula-gula Vegan 45
  20. Apple Treats 47
- **KURSUS** 49
  21. Kaserol Ubi Manis 50
  22. Labu Bakar Ojibwa 52
  23. Mee hari raya 54
  24. Lasagna Skuasy Butternut 56
  25. Kaserol Cendawan & Kacang Hijau 58
  26. Kari Kelapa Chickpea Labu 60
  27. Tempe Bakar Percutian 62
  28. Roti Daging Vegan 64
  29. Lasagna Skuasy Butternut 67
- **SALAD** 69
  30. Salad Pecan Cranberry 70
  31. Salad Saderi 72
  32. Salad Skuasy dengan Epal 74
  33. Kari Kembang Kol, Anggur & Salad Lentil 76
  34. Salad Lentil dan Zucchini 78
  35. Lentil dan salad epal 80

    36. Salad Cranberry Citrus 82

SUP DAN REBUS 84
    37. Sup Labu Percutian 85
    38. Sup Skuasy Butternut 87
    39. Sup Leek Kentang 89
    40. Sup Musim Sejuk Parsnip 91
    41. Rebus Lentil & Butternut Skuasy ...93
    42. Krim Rebus Jagung 95
    43. Kari Kelapa Chickpea Labu 97

SAMPINGAN 99
    44. Bijan Kacang Hijau 100
    45. Lobak Merah Pan 102
    46. Kentang Scalloped 104
    47. Kentang Kulit Merah Tumbuk 106
    48. Kembang kol dengan Pear & Hazelnut ...108
    49. Kastard Jagung 110
    50. Pucuk Brussel Panggang Mudah ...112
    51. Jagung Goreng 114
    52. Kembang kol dengan Sos Keju 116
    53. Lobak Kacang Brandy 118
    54. Cuti Lobak Rebus 120
    55. Kentang Au Gratin 122
    56. Bayam Berkrim Percutian 124
    57. Succotash 126
    58. Brussels dengan pancetta 128
    59. Tumis Daun Bawang dengan Parmesan ...130
    60. Bit Panggang dengan Citrus 132
    61. Molase Ubi Lecek 134
    62. Gratin Bawang Mutiara dengan Parmesan ...136
    63. Ubi & Leek Gratin 138
    64. Cendawan Panggang dalam Bulu Kening dan Mentega ...141
    65. Tumis epal dengan halia 143

PENJERAHAN 145
    66. Aiskrim Pai Pecan 146
    67. Puding Roti Cip Cinnamon 148
    68. Epal Karamel Bakar 150
    69. Bersyukurlah Pumpkin Pie 152
    70. Holiday Pumpkin Trifle 154
    71. Kek Lambak Labu 156
    72. Cuti Puding Chia 158
    73. Butternut Skuasy Mousse 160
    74. Pai Ubi Keledek Selatan 162
    75. Kentang Manis & Kopi Brownies ...164

76. Cuti Souffle Jagung 166
77. Ais Kran Kranberi 168
78. Walnut Petites 170
79. Cuti Souffle lobak merah 172
80. Labu Flan 174
81. Kaserol Jagung Desa 177
82. Cranberry Pecan Relish 179
83. Kek Hash Kentang 181
84. Apple Crunch Cobbler 183
85. Pai Karamel Amish Gooey 185
86. Daun Musim Gugur 187
87. Kolak Buah Tuai 189
88. Pai kranberi percutian 191
89. Cranberi Berkilauan 193
90. Kek Vegan Pumpkin 195
91. Krim labu 197
92. Kek keju coklat-gula-gula 199

MINUMAN 201
93. Pukulan carol Krismas 202
94. Teh Manis 204
95. Limau Perah Segar 206
96. Blackberry Wine Slushies 208
97. Citrus Sangria 210
98. Margarita Tembikai 212
99. Mimosa Nanas 214
100. Penebuk Buah 216

PENUTUP 218

PENGENALAN

Selamat datang ke "Buku Masakan Percutian Vegan Terbaik," panduan komprehensif anda untuk mencipta 100 pesta perayaan berkuasa tumbuhan untuk setiap majlis. Buku masakan ini adalah perayaan kegembiraan, rasa dan kelimpahan masakan percutian vegan, menjemput anda untuk meneroka dunia masakan berasaskan tumbuhan yang pelbagai dan lazat. Sama ada anda seorang tukang masak vegan yang berpengalaman atau baru dalam gaya hidup berkuasa tumbuhan, resipi ini direka untuk memberi inspirasi kepada anda untuk menghasilkan hidangan perayaan dan lazat yang akan disukai semua orang di meja.

Bayangkan musim cuti yang dipenuhi dengan aroma menggoda panggang berasaskan tumbuhan, lauk pauk yang meriah dan pencuci mulut dekaden—semuanya dicipta dengan kebaikan bahan-bahan berkuasa tumbuhan. "Buku Masakan Percutian Vegan Terbaik" adalah lebih daripada sekadar koleksi resipi; ia adalah panduan untuk menjadikan setiap perayaan percutian lazat, penuh belas kasihan dan tidak dapat dilupakan. Sama ada anda merancang Kesyukuran yang selesa, Krismas yang meriah atau apa-apa majlis istimewa di antaranya, buku masakan ini ialah sumber utama anda untuk meningkatkan jadual percutian anda dengan hidangan yang dikuasakan tumbuhan.

Daripada panggang percutian klasik kepada pembuka selera kreatif dan pencuci mulut yang menarik perhatian, setiap resipi adalah perayaan kekayaan, perisa dan kegembiraan yang dibawa oleh bahan berasaskan tumbuhan ke pesta perayaan anda. Sama ada anda memasak untuk keluarga, rakan-rakan atau menganjurkan potluck, resipi ini akan mempamerkan dunia masakan percutian vegan yang lazat. Sertai kami semasa kami memulakan perjalanan kulinari melalui "Buku Masakan Percutian Vegan Terunggul," di mana setiap ciptaan adalah bukti kelimpahan dan kreativiti jamuan berkuasa tumbuhan. Jadi, pakai apron anda, rangkul kegembiraan memasak percutian vegan, dan mari menyelami 100 jamuan perayaan berkuasa tumbuhan untuk setiap majlis.

RESEPI ASAS VEGAN & BERASASKAN TUMBUHAN

1. Kuah Vegan

BAHAN-BAHAN:
- 2 cawan sup sayur
- ¾ sudu teh serbuk bawang
- 3 sudu besar yis pemakanan
- 1 sudu besar kicap
- ½ sudu teh mustard Dijon
- ¼ cawan tepung serba guna

ARAHAN:
a) Masukkan semua bahan ke dalam periuk dan biarkan mendidih.
b) Pukul dengan api sederhana besar selama beberapa minit, sehingga kuah pekat.
c) Sesuai dengan kentang tumbuk.

2.Pengisian Vegan

BAHAN-BAHAN:
- 1 keping besar roti bijirin, dipotong dadu & siapkan untuk dikeringkan
- ¾ cawan lentil hijau masak
- 3 sudu besar minyak zaitun atau mentega vegan
- ½ cawan bawang putih, dipotong dadu
- ¾ cawan saderi, dipotong dadu
- Lada garam
- 3 ½ cawan sup sayur-sayuran
- 1 sudu makan biji rami + 2 ½ sudu air
- ¾ sudu teh sage kering

ARAHAN:
a) Panaskan ketuhar hingga 350 darjah, dan alaskan kuali 9×13 dengan foil atau sembur dengan semburan nonstick.
b) Sediakan telur rami dengan mencampurkan tepung biji rami dan air dan ketepikan.
c) Tumis bawang dan saderi dalam minyak zaitun atau mentega vegan dan perasakan dengan sedikit garam dan lada sulah. Masak sehingga wangi dan lut sinar, kira-kira 5 minit. Mengetepikan.
d) Dalam mangkuk roti, tuangkan sebahagian besar kuahnya kemudian masukkan bahan-bahan yang tinggal dan gaul dengan senduk kayu.
e) Pindahkan ke kuali yang disediakan dan tutup dengan kerajang.
f) Bakar selama 45 minit. Kemudian keluarkan lapisan atas kerajang supaya bahagian atas boleh menjadi coklat.
g) Tingkatkan api hingga 400 darjah dan bakar selama 15 minit lagi atau sehingga bahagian atasnya berwarna perang dan garing.
h) Keluarkan dari ketuhar dan biarkan sejuk sedikit sebelum dihidangkan.

3.Turki vegan

BAHAN-BAHAN:
- 700 g tauhu sutera
- 6 sudu besar minyak sayuran
- 2 sudu teh garam laut mengelupas
- 2 sudu besar pes miso putih
- 2 sudu teh cuka beras
- 1 sudu kecil serbuk bawang putih
- 380 g gluten gandum penting
- ½ kelompok pemadat vegan
- 4 helai kertas nasi

ARAHAN:
a) Panaskan ketuhar hingga 170 °C.
b) Letakkan semua bahan ayam belanda kecuali gluten gandum penting, pemadat, dan kertas beras dalam pengisar berkelajuan tinggi dan kisar sehingga rata sepenuhnya.
c) Kembalikan campuran yang telah dikisar kepada pengisar dan tambah gluten gandum yang penting. Kisar sehingga menjadi doh yang kasar kemudian hentikan pengisar dan biarkan berehat selama 10 minit.
d) Kisar semula selama kira-kira 2 minit atau sehingga seitan meregang dan bergetah.
e) Keluarkan seitan dari pengisar dan tekan ke dalam segi empat tepat. Masukkan pemadat dalam satu barisan ke bawah bahagian tengah seitan yang telah diratakan kemudian gulungkannya ke dalam silinder. Mengetepikan.
f) Isi mangkuk lebar dengan air dan celupkan sehelai kertas beras beberapa kali sehingga sedikit basah.
g) Letakkan kertas beras di atas seitan yang digulung.
h) Ulang dengan baki 3 keping kertas beras sehingga seitan ditutup sepenuhnya.

4. Sos Kranberi Vegan

BAHAN-BAHAN:
- 1 cawan cranberry segar
- 3 sudu besar agave
- 1 sudu teh kayu manis
- ½ sudu teh buah pala
- 1 oren, dijus
- ½ sudu teh halia parut

ARAHAN:
a) Panaskan kuali dengan sedikit minyak dan tambah secawan cranberry segar. Serta-merta masukkan jus oren yang baru diperah dan masak, kacau selalu selama kira-kira 5 minit.
b) Tambah sedikit halia, jangan berlebihan dengan ini kerana cranberry sangat masam, jadi ia sepatutnya memberikan sos dimensi tambahan.
c) Apabila cranberry mula layu, tambahkan satu sudu teh kayu manis yang dikisar, dan setengah sudu teh pala dan renehkan lagi. Anda boleh menambah air jika cranberry menjadi terlalu melekit.
d) Seterusnya, masukkan agave, pastikan rasa, kerana cranberry adalah masam dan anda ingin mendapatkan nota manis yang betul. Anda mungkin mahu menambah lebih banyak agave.
e) Teruskan mereneh, pada peringkat ini, ia sepatutnya kelihatan lebih seperti jem cranberry. Tambah perahan lemon untuk melengkapkan,
f) Anda boleh menambah ke dalam balang, menyejukkan, dan menyimpan di dalam peti sejuk untuk kemudian, atau berkhidmat dengan segera.

PEMAPIS & KUDAPAN

5. Lada Loceng Sumbat

BAHAN-BAHAN:
- 6 biji Loceng merah
- 1 paun cendawan dihiris,
- 1 sudu teh minyak kelapa
- ½ cawan serbuk roti jagung
- 1 sudu besar minyak dedak padi
- 1 cawan bit mentah segar, dikupas & parut
- ½ biji bawang besar, hiris nipis
- 1 cawan sup sayur

ARAHAN:
a) Panaskan ketuhar hingga 375°F.
b) Dalam kuali, panaskan minyak kelapa dan tumiskan cendawan.
c) Keluarkan bahagian atas setiap lada. Keluarkan bahagian dalam lada dan bersihkannya.
d) Dalam mangkuk adunan , satukan semua bahan lain .
e) Perasakan dengan garam dan lada sulah secukup rasa.
f) Sumbatkan lada dengan adunan dan susun dalam loyang rapat.
g) Letakkan 1 inci air panas di bahagian bawah kuali.
h) Bakar selama 45 minit.

6. Cuti Cendawan Sumbat

BAHAN-BAHAN:
- 8 cremini atau cendawan putih s
- ½ cawan tepung jagung
- 1 cawan santan
- 1 cawan bit merah yang dicincang
- ½ cawan lobak merah yang dicincang

ARAHAN:
a) Keluarkan batang dari cendawan, bersihkan, basuh dan letakkannya di atas loyang untuk dipanggang selama 5 minit pada suhu 475 darjah F.
b) Satukan batang cendawan, tepung jagung, bit, lobak merah dan santan dalam pemproses makanan.
c) Masak pemadat f atau 5 minit dalam kuali menggoreng. Tumbuk menjadi pes.
d) Keluarkan penutup dari ketuhar dan sudukan satu sudu isi sebesar bola golf ke dalam setiap penutup cendawan.
e) Panaskan ketuhar hingga 400°F dan bakar penutup cendawan yang telah diisi selama 15 minit.
f) Keluarkan dari ketuhar, hiaskan dengan selasih dan hidangkan segera.

7.Epal Bakar Ketuhar

BAHAN-BAHAN:
- 4 biji epal, dibuang biji
- 4 sudu besar gula merah
- 1 sudu teh molase blackstrap
- 1 sudu besar gula putih organik
- 1/8 sudu teh kayu manis
- 1 sudu teh minyak kelapa
- ¼ cawan walnut yang dicincang halus
- 1 sudu besar kurma atau kismis yang dikisar
- ¼ cawan air panas

ARAHAN:
a) Dalam hidangan adunan, satukan semua bahan kecuali air sehingga terbentuk pes.
b) Isi kuali separuh dengan air dan masukkan epal.
c) Bahan tampal ke tengah setiap epal
d) Bakar selama 30 minit pada 350 darjah F, semak kelembutan dengan lidi.
e) Tuangkan cecair ke dalam kuali dan kurangkan kepada sirap dengan mendidihnya.
f) Siramkan epal dengan sirap dan hidangkan.

8.Falafel bakar

BAHAN-BAHAN:
- 15-19 auns boleh kacang ayam, toskan
- 1 bawang, dicincang
- 2 ulas bawang putih, cincang
- 1 sudu besar pasli segar dicincang
- 2 sudu besar tepung serba guna
- 1 sudu kecil ketumbar
- 1 sudu kecil jintan manis
- ½ sudu teh serbuk penaik Garam dan lada sulah
- 2 sudu besar minyak zaitun

ARAHAN:
a) Panaskan ketuhar hingga 350 darjah Fahrenheit.
b) Kisar semua bahan dalam pemproses makanan untuk membentuk konsistensi seperti pes yang tebal .
c) Canai bebola dan letak dalam loyang yang telah disapu minyak .
d) Bakar selama 15-20 minit , terbalik separuh jalan.

9.Enchilada percutian

BAHAN-BAHAN:
- ¼ cawan Bawang hijau dicincang
- 1 cawan Keju jek vegan yang dicincang
- 4 auns Cili hijau kering
- ¾ cawan yogurt berasaskan tumbuhan
- 2 sudu besar Minyak
- ½ cawan Bawang merah cincang
- 1 Siung bawang putih, dikisar
- 2 sudu teh Serbuk cili
- ⅔ cawan sos tomato
- ½ cawan stok sayur
- 1 sudu kecil jintan manis
- ¼ sudu teh Garam, jika dikehendaki
- 8 Tortilla jagung

UNTUK BERKHIDMAT
- Minyak, dan keju vegan tambahan
- Avokado untuk hiasan

ARAHAN:
a) Panaskan ketuhar hingga 375°F.
b) Gaulkan bersama bawang hijau, keju vegan, cili dan yogurt berasaskan tumbuhan dalam hidangan adunan dan ketepikan.
c) Tumis bawang dalam minyak dalam kuali atau periuk sehingga hampir tidak empuk. Masukkan bawang putih dan gaul rata. 1 minit memasak
d) Masukkan serbuk cili, sos tomato, sup, jintan manis, dan garam. Didihkan, kacau sekali-sekala. Keluarkan kuali dari api.
e) Goreng tortilla dalam minyak sehingga lembut dan bukannya garing.
f) Sapukan lapisan nipis inti pada setiap tortilla dan gulungkannya.
g) Dalam hidangan pembakar, letakkan jahitan sebelah bawah. Teruskan dengan tortilla yang tinggal.
h) Sapukan baki sos di atas dan atas dengan keju vegan tambahan.
i) Bakar selama 10-15 minit.
j) Hidangkan bersama alpukat sebagai hiasan.

10. Biji Labu Bakar

BAHAN-BAHAN:
- 2 cawan biji labu acorn dengan pulpa
- 1 sudu besar minyak zaitun extra-virgin
- ½ sudu teh garam kasar

ARAHAN:
a) Panaskan ketuhar hingga 300 darjah Fahrenheit.
b) Satukan semua bahan dalam mangkuk adunan dan sapukan dalam satu lapisan pada lembaran pembakar berbingkai beralas kertas.
c) Bakar selama 50 hingga 60 minit, kacau setiap 15 minit sehingga biji rangup dan pulpa menjadi karamel.
d) Allow untuk sejuk sepenuhnya , dan kemudian hidangkan

11. Bebola Bayam Ubi

BAHAN-BAHAN:
- 10 auns bayam cincang
- 3 cawan lebihan kentang tumbuk
- 2 biji telur rami
- ¼ sudu teh buah pala
- ¼ sudu teh lada cayenne
- 1 cawan keju parut lada vegan jack
- ½ cawan tepung serba guna
- Garam dan lada sulah secukup rasa

ARAHAN:
a) Panaskan ketuhar hingga 450°F.
b) Satukan kentang, bayam dan telur rami dalam mangkuk sehingga licin . Perasakan dengan Pala dan lada cayenne secukup rasa.
c) Masukkan keju vegan dan 4 sudu besar tepung. Kacau hingga tepung sebati.
d) S letakkan baki tepung di atas pinggan dan perasakan dengan garam dan lada sulah.
e) Buat bebola 1 inci daripada campuran bayam.
f) Salutkan bebola dengan tepung dan letakkan di atas loyang yang disediakan.
g) Sejukkan dulang di dalam peti ais selama 20 minit.
h) Keluarkan bebola dari peti sejuk dan sapukan sedikit dengan semburan masak.
i) Bakar selama 12 hingga 14 minit, atau sehingga perang keemasan dan padat.
j) Hidangkan kosong, atau taburkan d dengan jus lemon.

12. Gula & Rempah Kacang

BAHAN-BAHAN:
- 1 cawan gajus
- 1 cawan pecan separuh
- 1 cawan kacang tanah panggang kering
- ¼ cawan gula perang muda yang dibungkus
- ½ sudu teh kayu manis tanah
- ¼ sudu teh lada merah dikisar
- ½ cawan cranberry kering

ARAHAN:
a) Panaskan ketuhar hingga 325°F.
b) Menggunakan semburan masak, salutkan lembaran pembakar berbingkai.
c) Satukan gajus, pecan dan kacang tanah dalam mangkuk adunan.
d) Masukkan gula, kayu manis, dan lada merah kisar ke dalam adunan kacang.
e) Kacau sehingga semua kacang bersalut sama rata, kemudian ratakan di atas loyang dalam satu lapisan.
f) Bakar selama 18 hingga 20 minit, kacau separuh. Benarkan penyejukan.
g) Toskan cranberry kering dengan kacang dan hidangkan segera.

13. Kerepek Kentang Roman Cheesy

BAHAN-BAHAN:
- Paket 8 auns kerepek kentang
- 1½ cawan keju parmesan gajus, parut halus
- 1 sudu besar lada hitam yang dikisar

ARAHAN:
a) Panaskan ketuhar hingga 425 darjah Fahrenheit.
b) Susun kerepek kentang dalam satu lapisan atau loyang berbingkai.
c) Taburkan separuh keju vegan ke atas kerepek.
d) Bakar selama 4 minit, atau sehingga keju vegan cair dan cip baru mula berwarna di sekeliling tepi.
e) Keluarkan dari ketuhar dan atas dengan baki keju vegan dan lada.
f) Ketepikan sejuk sebelum dipindahkan ke mangkuk hidangan.

14. Vegan Cranberry dan Brie Bites

BAHAN-BAHAN:
- 2 cawan cranberry segar, dibilas
- 1 cawan sirap maple yang baik
- 1 cawan gula pasir
- 16 biji keropok air
- 8 auns keju brie vegan
- ½ cawan rasa cranberry
- Pudina segar, untuk hiasan

ARAHAN:
a) Dalam periuk, panaskan sirap dan letakkan cranberry di atas.
b) Dengan menggunakan sudu, putar perlahan-lahan untuk menyalut semua beri. Biarkan sejuk, tutup dan rendam semalaman di dalam peti sejuk.
c) Toskan cranberry dalam colander pada keesokan harinya.
d) Gulung separuh daripada cranberi dalam gula sehingga ditutup dengan sedikit; ulangi dengan cranberry yang tinggal.
e) Letakkan di atas loyang dan ketepikan selama sejam untuk kering.
f) Untuk membina, letakkan satu keping Brie vegan, lapisan ringan cranberry chutney, dan empat atau lima cranberry bergula di atas keropok.
g) Masukkan tangkai pudina segar sebagai hiasan.

15. Bebola Tumbuk Kentang

BAHAN-BAHAN:
- 3 c up lebihan kentang lecek
- ⅔ c ups keju cheddar vegan yang dicincang
- 2 sudu besar daun kucai dihiris nipis
- ½ sudu teh serbuk bawang putih
- Garam kosher
- Lada hitam yang baru dikisar
- 2 biji telur rami
- 1¼ cawan serbuk roti panko
- Minyak sayuran, untuk menggoreng

ARAHAN:
a) Gaulkan kentang tumbuk dengan cheddar, daun kucai dan serbuk bawang putih dalam b owl gaul , perasakan dengan garam dan lada sulah.
b) Kacau sehingga semua bahan sebati .
c) Masukkan telur rami dan panko ke dalam dua mangkuk yang berasingan.
d) Senduk 1" hingga 2" bebola adunan kentang tumbuk dan putar doh menjadi bebola di tangan anda, kemudian korek dalam telur rami dan panko.
e) Dalam kuali besi tuang, panaskan 3" minyak sehingga termometer gula-gula membaca 375°.
f) Goreng bebola kentang sehingga perang keemasan pada semua sisi, kira - kira 2 hingga 3 minit.
g) Toskan di atas pinggan beralaskan tuala kertas dan perasakan dengan garam tambahan .

16.gigitan keledek

BAHAN-BAHAN:
- 4 keledek, dikupas dan dihiris
- 2 sudu besar mentega berasaskan tumbuhan yang dicairkan
- 1 sudu teh sirap maple
- Garam kosher
- Beg 10 auns marshmallow
- ½ cawan separuh pecan

ARAHAN:
a) Panaskan ketuhar hingga 400 darjah Fahrenheit.
b) Toskan ubi keledek dengan mentega berasaskan tumbuhan cair dan sirap maple pada lembaran pembakar dan susunkannya dalam lapisan yang sama. Perasakan dengan garam dan lada sulah.
c) Bakar sehingga lembut, kira-kira 20 minit, terbalikkan separuh. Alih keluar.
d) Op setiap bulat keledek dengan marshmallow dan rebus selama 5 minit .
e) Hidangkan segera dengan separuh pecan di atas setiap marshmallow.

17. Keju Tex-Mex dan Roti Jagung

BAHAN-BAHAN:
- ½ cawan mentega berasaskan tumbuhan yang dicairkan
- 1 cawan buttermilk berasaskan tumbuhan
- ¼ cawan sirap maple
- 1 cawan tepung serba guna
- 1 cawan tepung jagung kuning
- 2 ½ sudu teh serbuk penaik
- ¼ sudu teh garam halal
- 6 auns keju jek vegan lada, dipotong dadu
- Daun kucai yang baru dicincang, untuk hiasan

ARAHAN:
a) Mentegakan kuali yang selamat untuk ketuhar 10 atau 12 inci dan panaskan ketuhar hingga 375°.
b) Dalam mangkuk, pukul bersama susu mentega berasaskan tumbuhan, mentega berasaskan tumbuhan cair dan sirap maple.
c) Satukan tepung, tepung jagung, serbuk penaik, dan garam dalam hidangan adunan. Tuangkan bahan basah ke atas kering dan pukul sehingga semuanya sebati.
d) Sapukan separuh daripada adunan roti jagung ke dalam kuali yang telah dipanaskan dan taburkan secara rata keju vegan jack di atasnya.
e) Tuangkan baki adunan ke atas keju, ratakan.
f) Bakar selama 25 hingga 30 minit, atau sehingga kekuningan dan masak.
g) Biarkan sejuk dalam kuali selama 5 minit sebelum hias dengan daun kucai dan potong segi empat sama.

18.dibakar gigitan ravioli

BAHAN-BAHAN:
- Pakej 24-auns Ravioli vegan
- 1 cawan tepung serba guna
- 1 sudu teh susu berasaskan tumbuhan
- 2 cawan serbuk roti berperisa
- semburan masakan
- keju parmesan gajus segar untuk hiasan
- Sos hidangan pilihan: marinara, ladang, sos pizza, pesto, sos vodka.

ARAHAN:
a) Panaskan ketuhar hingga 450 darjah Fahrenheit.
b) Masak ravioli mengikut arahan pakej.
c) Salut rak dawai dengan semburan masak dan letakkan di atas loyang.
d) Dalam mangkuk adunan, satukan tepung, dan susu berasaskan tumbuhan ; dalam mangkuk adunan berasingan, satukan serbuk roti.
e) Korek setiap ravioli dalam tepung dan goncangkan lebihan tepung.
f) Akhir sekali, gulungkan ravioli dalam serbuk roti.
g) Sembur kedua-dua belah ravioli yang dilapisi tepung roti dengan semburan masak sebelum meletakkannya di atas rak dawai.
h) Bakar ravioli yang dilapisi tepung roti selama 20-25 minit, atau sehingga perang keemasan dan garing.
i) Keluarkan dari ketuhar dan hidangkan segera.

19.Vegan Keladi Manisan

BAHAN-BAHAN:
- 4 biji ubi besar garnet manis, dicincang bulat
- 2 sudu besar air
- 1 cawan gula perang terang atau gelap
- 1 cawan gula tebu organik
- 1 sudu besar serbuk kayu manis
- 2 sudu besar ekstrak vanila
- 2 sudu besar jus lemon
- ¼ cawan mentega vegan

ARAHAN:
a) Letakkan kentang dalam mangkuk adunan yang besar.
b) Ambil periuk besar atau Ketuhar Belanda dan letakkan di atas dapur.
c) Letakkan air di bahagian bawah kuali. Kemudian masukkan separuh ubi keledek anda ke dalam periuk anda.
d) Teratas dengan ½ cawan gula tebu organik dan ½ cawan gula perang.
e) Masukkan satu lagi lapisan ubi keledek, dan atas dengan baki ½ cawan gula tebu organik dan ½ cawan gula perang.
f) Tambah serbuk kayu manis anda, ekstrak vanila, dan jus lemon.
g) Biarkan ia masak selama 10 minit.
h) Selepas 10 minit, keluarkan penutup, dan dengan spatula kayu anda, balikkan kentang atas, pastikan lapisan atas menyentuh sirap gula sebanyak mungkin.
i) Letakkan penutup semula di atas periuk sekali lagi meninggalkan tudung retak dan biarkan masak lagi selama kira-kira 25 minit sehingga kentang lembut.
j) Setelah semua kentang empuk, masukkan mentega vegan anda dan biarkan mentega cair pada keladi.
k) Hidangkan dengan hidangan utama Percutian vegan kegemaran anda untuk sambutan Percutian vegan yang mengenyangkan!

20. Apple Treats

BAHAN-BAHAN:
- 1 cawan badam , rendam semalaman
- 1½ cawan epal rangup
- ½ cawan biji rami – dikisar
- 2 biji kurma , diadu dan ditanggalkan
- 1 sudu besar jus lemon
- 1 sudu teh garam laut kelabu
- ½ cawan sekam psyllium

ARAHAN:
a) Kisar badam, garam, jus lemon, kurma dan epal dalam pemproses makanan. Masukkan biji rami dan sekam psyllium .
b) Cedok bahagian doh sebesar bola golf, gulungkannya menjadi bebola, dan susunkannya di atas helaian penyahhidrat dengan jarak 1 inci di antaranya.
c) P pada bahagian atas bulat ke bawah.
d) Dehidrasi semalaman dalam dehidrator, atau bakar selama 1 jam pada tetapan paling rendah dengan pintu terbuka sedikit.
e) Keluarkan snek buah dan protein dan periksa kepekatan .

HIDANGAN UTAMA

21. Kaserol Ubi Manis

BAHAN-BAHAN:
- 4 ½ paun keledek
- 1 cawan gula pasir
- ½ cawan mentega vegan dilembutkan
- ¼ cawan susu berasaskan tumbuhan
- 1 sudu teh ekstrak vanila
- ¼ sudu teh garam
- 1 ¼ cawan bijirin cornflakes, dihancurkan
- ¼ cawan pecan cincang
- 1 sudu besar gula perang
- 1 sudu besar mentega vegan, cair
- 1½ cawan marshmallow kecil

ARAHAN:
a) Panaskan ketuhar hingga 425 darjah Fahrenheit.
b) B panggang keledek selama 1 jam atau sehingga lembut.
c) Potong ubi keledek separuh dan cedok bahagian dalam ke dalam hidangan adunan.
d) Dengan menggunakan pengadun elektrik, pukul ubi keledek yang dilecek, gula pasir dan 5 yang berikut bahan sehingga halus.
e) Sudukan adunan kentang ke dalam loyang bersaiz 11 x 7 inci yang telah digris .
f) Dalam mangkuk adunan, satukan bijirin cornflakes dan tiga bahan seterusnya.
g) Taburkan dalam barisan pepenjuru 2 inci di atas hidangan.
h) Bakar selama 30 minit .
i) Di antara barisan cornflakes, taburkan marshmallow; bakar selama 10 minit.

22.Labu Bakar Ojibwa

BAHAN-BAHAN:
- 1 labu
- ¼ cawan cider epal
- ¼ cawan sirap maple
- ¼ cawan mentega berasaskan tumbuhan cair

ARAHAN:
a) Panaskan ketuhar hingga 350°F dan bakar keseluruhan labu selama ½ jam hingga 2 jam.
b) Keluarkan pulpa dan biji dari labu dan buang bijinya.
c) Isikan hidangan kaserol separuh dengan pulpa.
d) Satukan baki bahan dalam mangkuk adunan dan tuangkan ke dalam loyang bersama labu yang telah dimasak.
e) Bakar selama 35 minit lagi.

23. Mee hari raya

BAHAN-BAHAN:
- ⅓ cawan Mentega vegan
- 1 cawan Saderi dihiris nipis
- ½ cawan Bawang merah cincang
- 8 cawan Stok sayur sedia untuk dihidangkan
- Pek 16 auns Mee vegan
- ½ sudu teh Garam, jika dikehendaki
- ¼ sudu teh Lada
- ¼ cawan Pasli segar yang dicincang
- pasli , jika dikehendaki
- 1 sudu kecil Sage

ARAHAN:
a) Dalam ketuhar Belanda, cairkan mentega vegan dengan api sederhana. Masak saderi dan bawang besar sehingga lembut.
b) Masukkan air rebusan dan biarkan mendidih.
c) Masukkan mee, garam, dan lada sulah dan kacau hingga sebati.
d) Masak selama 35 minit, tidak bertutup, atau sehingga mi masak, kacau secara berkala.
e) Masukkan tangkai pasli sebagai hiasan.

24. Lasagna Skuasy Butternut

BAHAN-BAHAN:
- 9 mi lasagna , masak
- 5 cawan ubi kentang tumbuk hangat, berpengalaman,
- Pakej 24-auns skuasy butternut
- 1½ cawan keju ricotta badam disebat
- 1 sudu kecil serbuk bawang
- ½ sudu teh buah pala
- 1 sudu teh garam
- ½ sudu teh lada hitam
- 1 cawan bawang goreng Perancis

ARAHAN:
a) Panaskan ketuhar hingga 350°F.
b) Menggunakan semburan masak, salutkan loyang 9 x 13 inci.
c) Gaulkan kentang, labu butternut, keju ricotta badam yang disebat , serbuk bawang, buah pala, garam dan lada hitam bersama-sama dalam mangkuk adunan.
d) Letakkan 3 biji mee di bahagian bawah loyang yang telah disediakan.
Sapukan sedikit adunan kentang ke atas mee. Ulangi lapisan dua kali lagi .
e) Bakar selama 45 minit dengan kerajang aluminium di atas; keluarkan foil dan bakar selama 8 hingga 10 minit lagi, atau sehingga perang dan panas.

25. Cendawan & Kacang Hijau

BAHAN-BAHAN:
- Beg 16 auns kacang hijau, dicairkan
- 3 sudu besar tepung
- 1 ¾ cawan susu berasaskan tumbuhan
- Pakej 8-auns cendawan, dihiris
- ½ sudu teh garam
- ¼ sudu teh lada hitam
- ¼ cawan keju Vegan Gorgonzola hancur
- ½ cawan bawang goreng Perancis

ARAHAN:
a) Panaskan ketuhar hingga 350°F.
b) Menggunakan semburan masak, salutkan hidangan pembakar 2 liter.
c) Susun kacang hijau dalam loyang .
d) Dalam periuk, campurkan tepung dan susu berasaskan tumbuhan .
e) Masukkan cendawan, garam, dan lada; biarkan mendidih, dan masak, kacau selalu, selama 4 hingga 5 minit, atau sehingga sos pekat.
f) Campurkan keju vegan, kemudian tuangkan ke atas kacang hijau. Kacau perlahan-lahan kacang.
g) Masak selama 15 minit.
h) Keluarkan dari ketuhar, tutup dengan bawang goreng Perancis, dan bakar selama 10 hingga 15 minit lagi, atau sehingga menggelegak.

26. Pumpkin Chickpea Kelapa Curry

BAHAN-BAHAN:
- 2 sudu besar minyak zaitun
- ½ cawan bawang besar, potong dadu
- 3 ulas bawang putih, ditekan atau dikisar
- 1 sudu besar halia, parut
- 2 dan ½ cawan labu, dikupas dan dikupas
- 2 dan ½ sudu besar pes kari merah
- 14 auns tin santan
- 2 cawan brokoli, potong bunga
- 1 cawan kacang ayam dalam tin
- ½ cawan gajus, tanpa garam
- 1 sudu besar jus limau nipis
- ¼ cawan ketumbar, dicincang

ARAHAN:
a) Dalam periuk besar, panaskan minyak dengan api sederhana. Masukkan bawang besar, halia, dan bawang putih. Tumis selama satu minit lagi, atau sehingga bawang lembut dan telus, dan wangi.
b) Masukkan karipap dan labu. Masak seminit lagi.
c) Biarkan mendidih, kacau dalam santan. Kecilkan api kepada perlahan dan tutup. Masak selama 15 minit dengan api perlahan.
d) Masukkan brokoli dan teruskan masak, tanpa penutup, selama 5 minit lagi.
e) Masukkan kacang ayam, gajus, dan jus limau nipis dan kacau hingga sebati.
f) Hiaskan dengan daun ketumbar sebelum dihidangkan.

27. Tempe Bakar Hari Raya

BAHAN-BAHAN:
- 6 auns tempe, dipotong menjadi empat segi
- ½ cawan herba segar
- 2 sudu besar tamari, atau kicap
- 1 sudu besar minyak zaitun
- 1 sudu besar cuka epal
- ½ sudu besar sirap maple tulen
- ½ labu butternut, dikupas dan dihiris nipis
- 2 sudu besar mentega berasaskan tumbuhan
- Garam kosher kasar dan lada hitam yang dikisar

ARAHAN:
a) Panaskan ketuhar hingga 400 darjah Fahrenheit.
b) Dalam beg berzip, susun tempe.
c) Masukkan herba, tamari, minyak zaitun, cuka sari apel, dan sirap maple, dan kacau semuanya.
d) Biarkan 2 jam atau sehingga semalaman untuk tempe perap.
e) Sapu reben skuasy dengan mentega berasaskan tumbuhan dan perasakan dengan garam dan lada sulah dan susunkannya dalam satu lapisan.
f) Bakar labu selama 5 minit.
g) Biarkan labu sejuk sepenuhnya sebelum dililitkan pada tempe yang telah diperap dan letakkan di atas loyang yang telah disediakan.
h) Bakar selama 15-20 minit.

28. Roti Daging Vegan

BAHAN-BAHAN:
- 2 sudu teh minyak kelapa, atau mana-mana minyak
- ¼ cawan bawang merah cincang
- 2 batang saderi, dicincang
- 5 ulas bawang putih, dikisar
- 15 oz. tin kacang ayam, toskan dan dibilas dengan teliti
- 1 ¾ cawan lentil coklat yang baru dimasak
- 2 sudu teh asap cair
- 2 sudu teh sos Worcestershire vegan, atau lebih asap cair
- 1 ¼ cawan serbuk roti, bebas gluten jika perlu
- ½ sudu teh garam laut
- ½ sudu teh lada hitam tanah
- 3 sudu besar pes tomato
- ½ sudu teh thyme

SAPU TOMATO
- 2 sudu besar pes tomato
- 2 sudu teh cuka sari apel
- 1 sudu besar sirap maple, atau agave atau pemanis cecair
- ¼ sudu teh garam laut

ARAHAN
SAPU TOMATO
a) Campurkan pes tomato, cuka sari apel, sirap maple, dan garam laut dalam mangkuk kecil dan ketepikan sehingga anda memerlukannya.

DAGING
b) Panaskan ketuhar anda hingga 375°F/190°C darjah.
c) Sediakan roti dengan melapik dengan kertas kertas supaya ia tergantung di tepi.
d) Dalam kuali dengan api sederhana, panaskan minyak.
e) Masukkan bawang putih, bawang merah, dan saderi. Tumis sehingga bawang lut sinar, saderi telah empuk dan bawang putih wangi kira-kira 5 minit.
f) Dalam mangkuk besar, masukkan semua bahan.

g) Gaulkan sedikit dengan senduk kayu. Saya mendapati bahawa ini membantu untuk mengagihkan bahan cecair sama rata dengan kacang dan serbuk roti.
h) Dalam pemproses makanan, masukkan semua bahan anda dari mangkuk. Saya mempunyai pemproses makanan 10 cawan, jadi jika milik anda lebih kecil, anda mungkin mahu menambahnya secara berperingkat. Nadi beberapa kali sehingga semuanya mula bersatu.
i) Tuang/cedok adunan ke dalam loyang beralas kertas parchment anda. Ratakan bahagian atas dengan spatula. Tuangkan sayu anda dari tadi, ratakan dengan sudu atau spatula.
j) Bakar selama 45 minit hingga 60 minit. Roti saya telah siap kira-kira 55 minit. Ia sedia jika pencungkil gigi keluar kebanyakannya bersih.
k) Keluarkan dari ketuhar dan biarkan sejuk selama 10 minit. Keluarkan dari loyang dan hiris dan hidangkan. Nikmati!

29.Lasagna Skuasy Butternut

BAHAN-BAHAN:
- 9 mi lasagna , masak
- 5 cawan ubi kentang tumbuk hangat, berpengalaman,
- Pakej 24-auns skuasy butternut
- 1½ cawan keju ricotta badam disebat
- 1 sudu kecil serbuk bawang
- ½ sudu teh buah pala
- 1 sudu teh garam
- ½ sudu teh lada hitam
- 1 cawan bawang goreng Perancis

ARAHAN :
a) Panaskan ketuhar hingga 350°F.
b) Menggunakan semburan masak, salutkan loyang 9 x 13 inci.
c) Gaulkan kentang, labu butternut, keju ricotta badam yang disebat , serbuk bawang, buah pala, garam dan lada hitam bersama-sama dalam besen adunan yang besar.
d) Letakkan 3 biji mee di bahagian bawah loyang yang telah disediakan.
e) Sapukan 1/3 adunan kentang ke atas mee. Ulangi lapisan dua kali lagi .
f) Bakar selama 45 minit dengan kerajang aluminium di atas; keluarkan foil dan bakar selama 8 hingga 10 minit lagi, atau sehingga perang dan panas.

SALAD

30. Salad Pecan Cranberry

BAHAN-BAHAN:
SALAD:
- 3 kotak sayur campuran organik
- 1 timun , dikupas dan dicincang
- 2 beg cranberry kering
- 2 cawan pecan cincang
- 2 cawan keju Swiss vegan dicincang halus

PERSALINAN:
- 2 paket campuran sos Itali

ARAHAN:
a) Toskan semua bahan salad .
b) Siram dengan sos dan hidangkan.

31. Salad Saderi Vegan

BAHAN-BAHAN:
- 1 cawan batang saderi yang dicincang nipis
- 1 sudu besar jeruk cincang
- 1 sudu besar mayonis vegan
- ¼ cawan zaitun hitam
- 1 sudu besar caper
- Lada hitam secukup rasa

ARAHAN:
a) Dalam mangkuk adunan, satukan e semua bahan kepada konsistensi seperti pes.
b) Sudukan satu sudu besar adunan pada keropok atau daun salad.
c) Tambah sebiji buah zaitun pada keropok, atau gulungkan daun salad di atas salad saderi dan selamatkannya dengan pencungkil gigi.
d) Hidangkan di atas pinggan.

32. Salad Epal

BAHAN-BAHAN:
- 2 labu delicata, potong ½ inci
- ½ cawan bawang mutiara dibelah dua
- Minyak zaitun dara tambahan, untuk gerimis
- 2 sudu besar pepitas dan/atau kacang pain
- 2 cawan koyak lacinato kale, 2 hingga 3 helai daun
- 6 helai daun sage, dihiris
- Daun dari 3 tangkai thyme
- 1 epal gala, potong dadu
- Garam laut dan lada hitam yang baru dikisar

ARAHAN:
a) Panaskan ketuhar hingga 425 darjah Fahrenheit dan alaskan loyang dengan kertas parchment.
b) Tuangkan minyak zaitun dan secubit garam dan lada sulah di atas labu dan bawang pada lembaran pembakar.
c) Toskan hingga menyalut, kemudian ratakan pada helaian supaya tidak bersentuhan. Panggang selama 25 hingga 30 minit, atau sehingga labu berwarna perang keemasan di semua sisi dan bawang lembut dan karamel.
d) Toskan pepitas dengan secubit garam dalam kuali dengan api sederhana sederhana dan bakar selama kira-kira 2 minit, kacau selalu. Mengetepikan. Masukkan kangkung, sage dan thyme.
e) Satukan labu panggang hangat dan bawang, epal, separuh daripada pepitas dan separuh daripada sos dalam mangkuk pembakar. Lambung.
f) Bakar selama 8 hingga 10 minit.
g) Gerimis dengan baki dressing dan atas dengan baki pepitas sejurus sebelum dihidangkan.

33.Salad Bunga Kobis Kari, Anggur & Lentil

BAHAN-BAHAN:
BUNGA KOMBING
- 1 kepala kembang kol, dibahagikan kepada kuntum
- 1½ sudu besar minyak kelapa cair
- 1½ sudu besar serbuk kari
- ¼ sudu teh garam laut

SALAD
- 5-6 cawan campuran hijau, kangkung, bayam
- 1 cawan lentil masak, bilas dan toskan
- 1 cawan anggur merah atau hijau, dibelah dua
- Ketumbar segar
- Tahini berpakaian

ARAHAN
a) Panaskan ketuhar hingga 400 darjah F.
b) Lapik loyang dengan kertas parchment.
c) Masukkan kembang kol ke dalam mangkuk adunan dan toskan dengan minyak kelapa, serbuk kari dan garam laut.
d) Pindahkan ke dalam loyang dan bakar kembang kol selama 20-25 minit atau sehingga perang keemasan dan lembut.
e) Pasang salad dengan menambah salad pada pinggan atau mangkuk hidangan.
f) Teratas dengan lentil, anggur dan kembang kol masak, dan sajikan dengan sos.
g) Hiaskan dengan ketumbar segar.

34. Salad Lentil dan Zucchini

BAHAN-BAHAN:
- 150g lentil kering
- 400ml Boillon sayur-sayuran, tanpa yis
- ½ lemon
- 2 ulas bawang putih
- 4 biji tomato, dibuang kulit
- 1 biji bawang
- 1 lada
- 1 keping halia
- 1 zucchini
- Taburan biji
- selasih segar
- Renjiskan minyak kelapa

ARAHAN:
a) Reneh lentil dalam stok sayuran dan jus daripada ½ lemon.
b) Tumis bawang besar menggunakan minyak kelapa.
c) Campurkan zucchini, bawang putih, lada, tomato, dan halia, dan reneh.
d) Selesai dengan mengacau lentil, herba, dan biji, sesuaikan dengan rasa.

35.Salad lentil dan epal

BAHAN-BAHAN:
UNTUK SALAD:
- 2 cawan lentil hijau Perancis
- 4 biji epal Granny Smith, dibuang biji dan dicincang
- ½ cawan biji bunga matahari tanpa garam, dibakar
- ½ cawan ketumbar segar, dicincang

UNTUK VINAIGRETTE:
- 2 sudu teh halia segar, parut
- 2 sudu teh sirap maple mentah
- ½ cawan jus limau segar
- ½ cawan minyak zaitun
- Garam dan lada hitam yang dikisar

ARAHAN:
a) Dalam periuk besar air, masukkan lentil di atas api yang tinggi dan biarkan mereka mendidih.
b) Kecilkan api dan masak selama 22 hingga 25 minit, bertutup.
c) Toskan sepenuhnya dan masukkan ke dalam mangkuk adunan yang besar untuk menyejukkan.
d) Satukan baki bahan salad dalam mangkuk adunan yang besar.
e) Dalam mangkuk lain, masukkan semua bahan sos dan pukul sehingga sebati.
f) Tuangkan dressing ke atas adunan lentil dan gaul sehingga sebati.

36. Cranberi C salad itrus

BAHAN-BAHAN:
UNTUK SALAD:
- 1 oren, dikupas dan dibahagikan
- 1 limau gedang, dikupas dan dicincang
- 2 sudu besar cranberry kering tanpa gula
- 3 cawan daun salad campur

UNTUK BERPAKAIAN:
- 2 sudu besar minyak zaitun
- 2 sudu besar jus oren segar
- 1 sudu teh mustard Dijon
- ½ sudu teh sirap maple mentah
- Garam dan lada hitam yang dikisar

ARAHAN:
a) Untuk salad: Masukkan semua bahan ke dalam mangkuk salad dan gaul.
b) Untuk vinaigrette: Masukkan semua bahan dalam mangkuk lain dan gaul rata.
c) Tuangkan dressing ke atas salad dan gaulkan hingga sebati. Hidangkan segera.

SUP DAN STEW

37.Sup Labu Percutian

BAHAN-BAHAN:
- 600g labu, dikupas dan dicincang
- 2 cawan sup sayur
- 1 sudu teh serbuk jintan manis
- ½ cawan santan
- minyak goreng
- 1 sudu besar serai, dicincang
- 1 halia, kupas dan parut
- 2 helai daun limau purut, dihiris
- 1 sudu kecil biji ketumbar
- 1 lada merah, dibiji dan dihiris
- 1 kunyit segar, dikupas dan dihiris
- Lada hitam secukup rasa
- 1 bawang merah, dicincang
- 4 ulas bawang putih

ARAHAN
a) Toskan labu dalam minyak sebelum diletakkan di atas loyang dan panggang sehingga perang keemasan.
b) Dalam kuali, panaskan minyak dan tumis bawang merah hingga perang.
c) Masukkan jintan manis dan ketumbar.
d) Masukkan daun limau purut, kunyit, halia, serai dan cili, masak selama satu minit lagi, kacau supaya tidak hangus.
e) Masukkan labu ke dalam kuahnya kemudian tutup dan masak
f) Reneh selama 10 minit lagi .
g) Masukkan santan dan masak selama 6 minit.

38. Sup Skuasy Butternut

BAHAN-BAHAN:
- 3 cawan labu mentah, dikupas, dipotong dadu
- 1 ubi keledek, potong dadu
- 2 lobak merah, dihiris
- ½ cawan bawang, dicincang
- 1 sudu besar cuka epal
- 1 sudu besar gula perang
- 3 ulas bawang putih
- sup sayur 1 liter

ARAHAN:
a) Panaskan ketuhar hingga 300°F dan bakar ubi keledek dan kiub labu selama 45 minit, atau sehingga empuk.
b) Didihkan satu liter air dalam periuk sup besar.
c) campuran kentang , bawang, dan lobak merah.
d) Keluarkan dari haba dan ketepikan selama 10 minit untuk menyejukkan.
e) Dalam pengisar, satukan cuka, gula, dan bawang putih, dan kisar sehingga rata.
f) Masukkan ke dalam sup dan hidangkan.

39.Sup Leek Kentang

BAHAN-BAHAN:
- 4 cawan air rebusan mineral
- 4 biji kentang russet
- 3 daun bawang
- 1 ulas bawang putih
- 1 sudu teh garam laut kelabu
- ½ sudu teh lada
- 2 sudu besar minyak kelapa

ARAHAN:
a) Dalam periuk, cairkan minyak kelapa dengan api sederhana. Tumis kentang, daun bawang dan bawang putih .
b) Masukkan air rebusan dan masak sehingga mendidih, kemudian kecilkan kepada api perlahan dan tutup sehingga masak selama 20 minit. Pastikan kentang empuk.
c) Kisar sup sehingga sebati dengan menggunakan pengisar.
d) Se ason dan hidangkan.

40.Sup Musim Sejuk Parsnip

BAHAN-BAHAN:
- 1½ cawan bawang kuning – dihiris nipis
- 1 cawan saderi - dihiris nipis
- 16 auns sup sayur-sayuran
- 3 cawan bayi bayam
- 4 cawan parsnip dipotong dadu , dikupas dan dipotong dadu
- 1 sudu besar minyak kelapa
- ½ cawan santan

ARAHAN:
a) H makan minyak dalam kuali besar dengan api sederhana dan masak bawang dan saderi .
b) Masukkan parsnip dan sup dan biarkan mendidih.
c) Kecilkan api kepada perlahan dan tutup selama 20 minit .
d) Masukkan bayam, kacau rata untuk menggabungkan, keluarkan dari api, dan puri sup dalam kelompok dalam pengisar sehingga halus.
e) Masukkan santan dan hidangkan segera.

41. Stew Lentil & Butternut Skuasy

BAHAN-BAHAN:
- 225g lentil coklat, direndam
- 2 biji bawang merah
- 750ml stok sayuran tanpa gandum
- 4 lobak merah
- ½ labu butternut
- 1 ubi keledek
- 2 biji kentang putih
- 1 batang saderi
- Segenggam kacang taman segar
- Selada air segenggam
- 2 sudu besar dill segar
- 1 sudu kecil sos tamari

ARAHAN:
a) bawa stok dan bawang hingga mendidih dalam kuali.
b) A dd lentil, kentang, labu, dan lobak merah dan reneh selama 15 minit.
c) Masukkan saderi, kacang polong segar, daun, dan dill.

42. Krim Rebus Jagung

BAHAN-BAHAN:
- 2 cawan biji jagung yang baru dipotong
- ¼ cawan bawang hiris segar
- 1 ulas bawang putih
- 1 sudu besar minyak kelapa
- 1 resipi asas sup krim berasaskan tumbuhan

ARAHAN:
a) Tumis jagung , bawang besar dan bawang putih dalam minyak kelapa selama 5 minit dalam kuali besar.
b) Dalam pengisar, satukan campuran ini dengan asas sup krim berasaskan tumbuhan yang telah disejukkan.
c) Hidangkan segera.

43. Pumpkin Chickpea Kelapa Curry

BAHAN-BAHAN:
- 2 sudu besar minyak zaitun
- ½ cawan bawang besar, potong dadu
- 3 ulas bawang putih, ditekan atau dikisar
- 1 sudu besar halia, parut
- 2½ cawan labu, dikupas dan disapu
- 2½ sudu besar pes kari merah
- 14-auns tin santan
- 2 cawan brokoli, potong bunga
- 1 cawan kacang ayam dalam tin
- ½ cawan gajus, tanpa garam
- 1 sudu besar jus limau nipis
- ¼ cawan ketumbar, dicincang

ARAHAN :
a) Dalam periuk besar, panaskan minyak dengan api sederhana. Masukkan bawang besar, halia, dan bawang putih.
b) Tumis selama satu minit lagi, atau sehingga bawang lembut dan telus, dan wangi.
c) Masukkan karipap dan labu. Masak seminit lagi.
d) Biarkan mendidih, kacau dalam santan. Kecilkan api kepada perlahan dan tutup.
e) Masak selama 15 minit dengan api perlahan.
f) Masukkan brokoli dan teruskan masak, tanpa penutup, selama 5 minit lagi.
g) Masukkan kacang ayam, gajus, dan jus limau nipis dan kacau hingga sebati.
h) Hiaskan dengan daun ketumbar sebelum dihidangkan.

HIDANGAN SAMPINGAN

44.Bijan Kacang Hijau

BAHAN-BAHAN:
- 2 paun kacang hijau, bertangkai
- 3 sudu besar minyak bijan
- 1 sudu besar cuka beras
- 1 sudu besar jus lemon
- 1 sudu teh halia parut segar
- 2 sudu besar bijan
- ¼ sudu teh garam halal

ARAHAN:
a) Didihkan air dalam periuk besar. Masak kacang hijau sehingga ia garing-lembut, 3 hingga 4 minit. Toskan air dan ketepikan.
b) Dalam mangkuk adunan, satukan bahan-bahan lain dan pukul sehingga sebati.
c) Campurkan kacang hijau dan gaul rata hingga sebati.
d) Masukkan lada yang baru dikisar secukup rasa .

45.Lobak Merah Pan Seared

BAHAN-BAHAN:
- 4 cawan lobak merah, dihiris
- 4 ulas bawang putih, dihiris
- 1 sudu teh minyak
- 1 cawan air yang disucikan
- 1 sudu teh garam laut

ARAHAN:
a) Dalam kuali dengan api sederhana, masak bawang putih kemudian masukkan air.
b) Masukkan lobak merah dan bringkannya sehingga mendidih, kemudian kecilkan pada api perlahan dan tutup selama 10 minit. Hidangkan segera.

46. Ubi Kentang Vegan

BAHAN-BAHAN:
- 6-8 biji kentang dihiris nipis
- 1 tin sup keju cheddar vegan
- 1-½ cawan keju cheddar vegan parut
- 12-auns tin susu badam
- Garam dan lada

ARAHAN:
a) Sembur bahagian dalam kuali dengan semburan masak.
b) Letakkan separuh daripada kentang yang telah dipotong dalam periuk.
c) Tambah ½ tin sup ketulan, ¾ cawan keju vegan parut, dan ½ cawan susu badam.
d) Perasakan dengan garam dan lada sulah secukup rasa.
e) Lapiskan bahan-bahan yang tinggal dalam susunan yang sama seperti yang pertama.
f) Masak selama 6 jam di atas api.

47. Kentang Kulit Merah Lecek

BAHAN-BAHAN:
- 10 paun kentang kulit merah
- 2 batang mentega berasaskan tumbuhan
- 2 cawan krim masam berasaskan tumbuhan
- ¾ cawan susu berasaskan tumbuhan
- 2 sudu kecil serbuk bawang putih
- garam dan lada sulah secukup rasa

ARAHAN:
a) Dalam periuk besar, rebus kentang sehingga lembut.
b) Tapis ke dalam colander.
c) Dalam mangkuk adunan, letakkan kentang yang telah dipanaskan.
d) Campurkan mentega berasaskan tumbuhan ke dalam kentang dengan pengadun.
e) Campurkan atau tumbuk dalam bahan yang tinggal.
f) Hidang.

48. Kembang kol dengan Pear & Hazelnut

BAHAN-BAHAN:
- 6 sudu besar mentega berasaskan tumbuhan tanpa garam
- 1 kepala kembang kol, potong bunga
- ½ cawan kacang hazel yang dibakar, dicincang
- 8 helai daun sage segar, dihiris nipis
- Garam kosher dan lada hitam yang dikisar
- 2 biji pir masak, dibuang biji dan dihiris nipis
- 2 sudu besar. pasli daun rata segar yang dicincang

ARAHAN:
a) Cairkan mentega berasaskan tumbuhan dalam kuali 12 inci dengan api sederhana sehingga sedikit keemasan dan menggelegak.
b) Masukkan kembang kol, walnut, dan sage dan c ook , kacau secara berkala, selama 2 minit.
c) Tambah 1 sudu teh garam dan ½ sudu teh lada dan reneh, putar secara berkala, selama 6 hingga 7 minit lagi, atau sehingga kembang kol berwarna perang dan lembut.
d) Masukkan hirisan pear dan pasli dan gaulkan pear perlahan-lahan .
e) Masukkan garam tambahan secukup rasa.

49. Kastard Jagung

BAHAN-BAHAN:
- 4 cawan jagung
- 1 Sudu Besar berasaskan tumbuhan tetapi t er
- 1 Sudu besar bawang kisar
- 1 Sudu besar tepung
- 1 cawan krim berasaskan tumbuhan
- Garam dan lada

ARAHAN:
a) Panaskan ketuhar kepada 3 25 darjah Fahrenheit .
b) Dalam kuali nonstick, s auté bawang. Masukkan tepung hingga semuanya sebati .
c) Masukkan jagung beku, bersama dengan sebarang cecair. Meningkatkan suhu kepada tinggi.
d) Toskan jagung sehingga hampir semua cecair tersejat.
e) A tambah krim berasaskan tumbuhan dan minyak b selama 2-3 minit
f) Perasakan dengan garam, dan lada sulah.
g) Pukul adunan jagung-bawang perlahan-lahan.
h) Tuangkan adunan ke dalam loyang dan bakar selama kira-kira 30 minit, atau sehingga kastard telah ditetapkan .

50.Pucuk Brussel Panggang Mudah

BAHAN-BAHAN:
- 4 cawan Brussels Sprouts , dicelur
- Cubit thyme segar
- Garam dan lada

ARAHAN:
a) Toskan taugeh dengan sedikit minyak sayuran .
b) Panggang pucuk dalam ketuhar 400° dengan beberapa tangkai thyme segar pada dulang lembaran.
c) Tutup pucuk dengan kerajang selama 5 minit pertama, kemudian keluarkan penutup untuk baki 5 minit.
d) Garam dan lada sulah pucuk dan letakkan dalam mangkuk hidangan.

51. Jagung Goreng

BAHAN-BAHAN:
- 1 bungkus jagung beku
- 1 sudu besar mentega berasaskan tumbuhan
- 4-5 sudu besar krim berasaskan tumbuhan
- Buah pala yang baru diparut
- Garam dan lada
- ¼ sudu teh thyme kering

ARAHAN:
a) Dalam kuali tumis nonstick dengan api sederhana, cairkan mentega berasaskan tumbuhan .
b) Masukkan jagung dan thyme kering dan t oss sehingga hampir semua cecair telah sejat.
c) Tuangkan krim berasaskan tumbuhan.
d) Perasakan dengan pala, garam dan lada sulah secukup rasa.
e) Naikkan api dan teruskan masak sehingga jagung ditutup sepenuhnya.

52. Kembang kol dengan Sos Keju

BAHAN-BAHAN:
- 1 kepala kembang kol, dicelur
- 1 cawan susu berasaskan tumbuhan
- 1 cawan keju vegan yang dicincang
- 1½ T sudu besar mentega berasaskan tumbuhan
- 1 sudu teh mustard Dijon
- 1½ T sudu besar tepung
- Garam dan lada

ARAHAN:
a) Dalam periuk berdasar berat, cairkan mentega berasaskan tumbuhan . Pukul tepung sehingga ia dibasahkan dengan mentega.
b) Masukkan susu berasaskan tumbuhan dan renehkan, kacau sentiasa, sehingga sos telah pekat.
c) Masukkan keju vegan sehingga semuanya sebati . Masukkan s alt & lada sulah secukup rasa.
d) Toskan kembang kol dengan sos keju vegan dan hidangkan serta-merta atau panaskan di dalam ketuhar.

53.Lobak Berlapis Brandy

BAHAN-BAHAN:
- 2 paun lobak merah, dikupas dan dipotong menjadi syiling
- ½ cawan gula perang
- ½ cawan mentega berasaskan tumbuhan
- ½ cawan Air brendi

ARAHAN:
a) Cairkan mentega berasaskan tumbuhan dalam kuali tumis. Masukkan lobak merah dan gula bersama mentega .
b) Masak lobak merah dengan api sederhana sehingga mereka mula karamel.
c) Nyalakan brendi sehingga ia hangus . _
d) Apabila kelembapan menyejat, tambah sedikit air pada satu masa untuk memastikan lobak merah masak dan elakkan melekat.
e) Masak sehingga tahap kematangan yang dikehendaki tercapai .

54.Cuti Lobak Rebus

BAHAN-BAHAN:
- ½ paun lobak , dikupas dan dipotong menjadi kepingan
- 2 sudu besar pes tomato
- 2 sudu besar mentega vegan
- 1 biji bawang, dikupas dan dipotong dadu
- 1 sudu teh thyme kering
- 1 lobak merah, dikupas dan dipotong dadu
- 1 daun salam
- 2 batang saderi, potong dadu
- Garam dan lada
- 1½ cawan stok atau air
- 2 sudu besar mentega vegan, dilembutkan
- 1 T sudu besar tepung

ARAHAN:
a) Dalam kuali, cairkan mentega vegan. Masukkan bawang besar, saderi dan lobak merah.
b) Masak selama lebih kurang 5 minit. Masukkan stok, pes tomato, thyme, dan daun bay ke campuran lobak dan bawang, lobak merah dan saderi.
c) Masak selama 30 hingga 40 minit, bertutup, dalam ketuhar 350°F.
d) Semasa lobak mendidih, buat pes dengan mentega vegan dan tepung.
e) Pindahkan lobak ke dalam hidangan hidangan dan biarkan ia hangat di dalam kuali.
f) Ke dalam periuk, tapis cecair perap. Masukkan kepingan campuran tepung mentega vegan ke dalam sos dan pukul sehingga ia pekat.
g) S eason dengan s alt dan lada sulah dan kemudian tuangkan sos ke atas lobak.

55. Kentang Au Gratin

BAHAN-BAHAN:
- 2 paun kentang, dikupas dan dihiris
- 2 sudu besar mentega berasaskan tumbuhan yang dicairkan
- ½ sudu teh garam
- ¼ sudu teh lada hitam
- keju Cheddar vegan parut
- ¼ cawan serbuk roti segar

ARAHAN:
a) Panaskan ketuhar hingga 425°F.
b) Menggunakan semburan masak, salutkan hidangan kaserol 1-½ liter cetek.
c) Lapiskan hirisan kentang dalam kaserol.
d) Siram dengan mentega berasaskan tumbuhan yang dicairkan dan perasakan dengan garam dan lada sulah.
e) Hiaskan dengan serbuk roti dan keju Cheddar vegan parut.
f) Masak selama 30 minit, bertutup, atau sehingga kentang masak.

56.Bayam Berkrim Percutian

BAHAN-BAHAN:
- 2 sudu besar mentega berasaskan tumbuhan
- 2 sudu besar tepung serba guna
- Pakej 20 auns bayam cincang beku, dicairkan dan ditoskan dengan baik
- 1 cawan krim berat berasaskan tumbuhan
- ½ sudu teh pala tanah
- ½ sudu teh serbuk bawang putih
- ½ sudu teh garam

ARAHAN:
a) Cairkan mentega berasaskan tumbuhan dalam kuali dengan api sederhana; pukul dalam tepung hingga kekuningan.
b) Masukkan bahan yang tinggal, gaul rata, dan reneh selama 3 hingga 5 minit, atau sehingga masak.

57.Succotash

BAHAN-BAHAN:
- 2 cawan jagung kukus
- 2 cawan kacang Lima , masak
- ½ sudu teh garam
- Lada petak
- 2 sudu besar minyak kelapa
- ½ cawan santan

ARAHAN:
a) Gaulkan bersama jagung dan kacang, dan perasakan dengan garam dan lada sulah.
b) Masukkan santan dan minyak dan biarkan mendidih.
c) Hidangkan segera.

58.Brussels dengan pancetta

BAHAN-BAHAN:
- ½ paun pancetta dipotong dadu
- 2-3 sudu besar minyak zaitun dibahagikan
- 1 paun pucuk Brussels segar
- 2 sudu besar sirap maple
- 1 sudu besar cuka balsamic putih
- Garam kosher dan lada hitam yang dikisar

ARAHAN:
a) Panaskan 1 sudu besar minyak zaitun dalam kuali besi tuang dengan api sederhana. Masak, pancetta sehingga i t 's aromatik dan mula garing. Toskan di atas pinggan beralas tuala kertas dan ketepikan.
b) C bibir hujung pucuk Brussels dan potong separuh dari akar hingga ke hujungnya.
c) Letakkan pucuk Brussels yang dipotong ke bawah dalam lapisan yang sama dalam kuali dan masak selama 4-5 minit, atau sehingga pucuk mula perang dan karamel, kemudian putar, perasakan dengan garam halal dan lada hitam, kecilkan api dan tutup dengan tudung.
d) Kembalikan pancetta ke kuali.
e) Toskan dengan baki sudu minyak zaitun, sirap maple dan cuka balsamic, dan panaskan selama satu atau dua minit lagi .
f) Masukkan garam halal tambahan dan lada hitam kisar secukup rasa, kemudian hidangkan.

59.Tumis Daun Bawang dengan Parmesan

BAHAN-BAHAN:
- 6 l eeks nipis , dibelah dua memanjang
- 2 sudu besar minyak zaitun
- Garam kosher
- Lada hitam yang baru dikisar
- ¼ cawan wain putih kering atau separuh kering
- 3 sudu besar stok sayur tanpa garam
- 1 sudu besar mentega berasaskan tumbuhan tanpa garam
- 3 sudu besar Parmesan yang baru diparut

ARAHAN:
a) Masukkan minyak ke dalam kuali besar dan bawah berat dan panaskan dengan api sederhana.
b) Apabila minyak panas, susun daun bawang dalam satu lapisan, dan potong bahagian bawah.
c) Toskan daun bawang dengan penyepit sehingga ia menjadi perang lembut , 3-4 minit.
d) Garam dan lada daun bawang, kemudian putarkannya ke bawah.
e) Kacau dalam wain untuk mencairkan kuali. Isi periuk dengan stok yang cukup untuk menutup bahagian atas daun bawang.
f) Didihkan, kemudian kecilkan api dan tutup, dan masak selama 15-20 minit, atau sehingga daun bawang lembut.
g) Perlahan-lahan gerimis dalam mentega berasaskan tumbuhan .
h) Letakkan daun bawang yang dipotong-potong di atas pinggan dan di atasnya dengan keju vegan.

60. Bit Panggang dengan Citrus

BAHAN-BAHAN:
- 6 hingga 8 bit merah atau kuning
- Minyak zaitun extra-virgin, untuk gerimis
- 1 oren pusat
- Cuka Sherry Dash atau cuka balsamic
- Jus ½ lemon, atau secukup rasa
- Segelintir daun selada air, arugula, atau hijau mikro
- Garam laut dan lada hitam tanah
- keju vegan
- Kacang kenari atau pistachio yang dicincang

ARAHAN:
a) Panaskan ketuhar hingga 400 darjah Fahrenheit.
b) Siram bit dengan banyak minyak zaitun, secubit garam laut dan lada hitam yang baru dikisar .
c) Balut bit dalam foil dan panggang selama 35 hingga 60 minit, atau sehingga lembut dan lembut .
d) Keluarkan bit dari ketuhar, tanggalkan kerajang, dan letakkannya di tepi untuk menyejukkan.
e) Kupas kulit apabila ia sejuk untuk disentuh. S kutu mereka menjadi 1" baji atau ketulan.
f) Potong oren kepada tiga dan simpan baki ¼ baji untuk diperah.
g) Toskan bit dengan minyak zaitun dan cuka sherry, jus lemon, jus oren yang diperah dari baki baji, dan beberapa secubit garam dan lada sulah. Sejukkan sehingga sedia untuk dihidangkan.
h) Tambah garam dan lada sulah atau cuka secukup rasa sebelum dihidangkan.
i) Letakkan bahagian oren, selada air, dan ikal sitrus di atas pinggan.

61. Molase Ubi Lecek

BAHAN-BAHAN:
- 4 s ubi kentang , potong menjadi kepingan 1 inci
- 8 lobak merah, potong 1 inci
- 4 biji ubi , potong 1 inci
- Garam kosher
- 4 sudu besar. mentega berasaskan tumbuhan tanpa garam
- 1/4 cawan krim masam berasaskan tumbuhan
- 1/4 cawan molase
- 1 sudu besar. halia segar parut halus
- 1/2 cawan separuh setengah
- Lada hitam yang baru dikisar

ARAHAN:
a) Letakkan ubi keledek, lobak merah, dan parsnip dalam periuk dan tutup dengan air.
b) Didihkan, kemudian kecilkan api dan masak selama 15 hingga 20 minit, atau sehingga sayur-sayuran lembut. Toskan dan masukkan semula ke dalam periuk.
c) Sediakan sayur-sayuran dalam kuali, goncang kuali sekali-sekala untuk mengelakkan melekat .
d) Masukkan mentega berasaskan tumbuhan, krim masam berasaskan tumbuhan , molase, halia, dan setengah setengah.
e) Masukkan s alt dan lada sulah, rasa, dan sesuaikan rempah sebelum dihidangkan.

62. Gratin Bawang Mutiara dengan Parmesan

BAHAN-BAHAN:
- 2 paun bawang mutiara beku, dicairkan
- 1 cawan krim berat berasaskan tumbuhan
- Tangkai thyme segar 34 inci
- Garam kosher dan tanah lada hitam
- 3 sudu besar mentega berasaskan tumbuhan tanpa garam, cair
- 1 cawan serbuk roti segar kasar
- 1/4 cawan parut keju gajus
- 1/2 sudu teh daun gurih kering, hancur

ARAHAN:
a) Panaskan ketuhar hingga 400 darjah Fahrenheit.
b) Dalam periuk, panaskan bawang dan air.
c) Semasa bawang panas, kacau dan pisahkan dengan garpu.
d) Kecilkan api kepada sederhana, dan masak selama 5 minit apabila air telah mendidih.
e) Toskan dengan teliti dan keringkan.
f) Dalam periuk di atas api sederhana, satukan krim berasaskan tumbuhan, thyme, dan ½ sudu teh garam.
g) Biarkan mendidih l. Keluarkan tangkai thyme dan buangnya.
h) Sementara itu, sapu 1 sudu besar mentega berasaskan tumbuhan ke dalam gratin atau hidangan pembakar.
i) Toskan serbuk roti, keju gajus, pedas, baki 2 sudu besar mentega berasaskan tumbuhan cair, 12 sudu teh garam, dan beberapa kisar lada dalam hidangan adunan.
j) Dalam hidangan pembakar, taburkan bawang. Sapukan serbuk roti di atas bawang dan tuangkan krim ke atasnya.
k) Bakar selama kira-kira 30 minit, atau sehingga serbuk roti berwarna perang keemasan dan krim mendidih dengan kuat di sekeliling tepi.
l) Keluarkan dari ketuhar dan ketepikan selama 10 minit sebelum dihidangkan.

63. Kentang Manis & Leek Gratin

BAHAN-BAHAN:
- 2 sudu besar. mentega berasaskan tumbuhan tanpa garam
- 2 sudu besar. minyak zaitun
- 6 auns pancetta, potong dadu 1/4 inci
- 2 daun bawang , dihiris setebal 1/4 inci
- 1/4 cawan bawang putih kisar
- 2 cawan krim berat berasaskan tumbuhan
- 3 sudu besar. daun thyme segar
- Garam kosher dan tanah lada hitam
- 2 biji keledek, kupas dan potong dadu
- 3 biji kentang russet , dikupas dan dipotong dadu

ARAHAN:
a) Panaskan ketuhar hingga 350 darjah Fahrenheit.
b) Panaskan mentega dan minyak berasaskan tumbuhan dalam periuk dengan api sederhana. Rebus kt dia pancetta sehingga perang, lebih kurang 9 minit. Menggunakan sudu berlubang, pindahkan ke tuala kertas.
c) Masukkan daun bawang dan bawang putih ke dalam kuali, tutup, kecilkan api, dan masak, putar secara berkala, selama kira-kira 5 minit, atau sehingga daun bawang lembut tetapi tidak keperangan.
d) Masukkan krim berasaskan tumbuhan, masak sehingga mendidih, perlahankan api dan masak selama 5 minit.
e) Letakkan semula pancetta, thyme, 1 sudu teh garam, dan lada secukup rasa; mengetepikan.
f) Menggunakan mentega berasaskan tumbuhan, griskan pinggan mangkuk 2 liter.
g) Sudukan 2 sudu besar krim daun bawang secara sama rata ke atas kentang.
h) Sapukan lapisan ubi keledek di atas, perasakan sedikit, kemudian atas dengan 2 sudu besar krim daun bawang.
i) Teruskan dengan kentang yang tinggal sehingga semuanya digunakan. Siramkan sisa krim daun bawang ke atas kentang dan tekan dengan kuat.
j) Bakar selama 50 hingga 60 minit, atau sehingga bahagian atas berwarna perang dan kentang di tengah lembut apabila dicucuk dengan garpu.
k) Hidang.

64. Cendawan Panggang dalam Brow n Butter

BAHAN-BAHAN:
- 1 paun cendawan
- 1 sudu besar minyak
- garam dan lada sulah secukup rasa
- ¼ cawan mentega berasaskan tumbuhan
- 2 ulas bawang putih, cincang
- 1 sudu teh thyme, dicincang
- 1 sudu besar jus lemon
- garam dan lada sulah secukup rasa

ARAHAN:
a) Toskan cendawan dengan minyak, garam, dan lada sulah, kemudian ratakan pada lembaran penaik dalam satu lapisan dan panggang selama 20 minit, atau sehingga ia mula karamel, kacau separuh.

b) Dalam periuk, cairkan mentega berasaskan tumbuhan sehingga ia menjadi coklat hazelnut yang lazat, kemudian keluarkan dari api dan kacau dalam bawang putih, thyme dan jus lemon.

c) Dalam mangkuk adunan , toskan cendawan panggang dengan mentega berasaskan tumbuhan perang dan perasakan dengan garam dan lada sulah secukup rasa!

65. Tumis epal dengan halia

BAHAN-BAHAN:
- 3 biji epal, dikupas, dibuang inti dan dihiris
- 1 sudu besar halia segar parut
- 1 sudu teh kayu manis tanah
- 3.5 oz. Serbuk stevia
- secubit garam laut
- 2 sudu besar minyak badam

ARAHAN:
a) Dalam kuali tidak melekat , panaskan minyak badam sehingga mendidih.
b) Masukkan halia, epal, kayu manis, stevia, dan garam.
c) Masak selama 8 minit .

PENJERAHAN

66.Aiskrim Pai Pecan

BAHAN-BAHAN:
- 2 cawan susu berasaskan tumbuhan
- 1 cawan krim berat berasaskan tumbuhan
- ½ cawan gula perang ringan
- 1 sudu teh ekstrak vanila
- 1 cawan pecan yang dicincang kasar
- ⅔ cawan sirap maple
- 2 sudu besar mentega berasaskan tumbuhan tanpa garam
- ¼ sudu teh garam halal

ARAHAN:
a) Dalam pasu , satukan susu berasaskan tumbuhan dan krim berasaskan tumbuhan .
b) Masukkan gula dan gaul rata. Panaskan dengan api sederhana sehingga melecur.
c) Pukul beberapa sudu besar campuran berasaskan tumbuhan susu panas ke dalam kuali.
d) Apabila campuran sejuk, teruskan kacau selama 5 minit lagi atau lebih. Campurkan ekstrak vanila.
e) Sudukan kastard ke dalam mangkuk, tutup dan sejukkan selama 6 jam atau semalaman.
f) Dalam kuali yang berat, bakar pecan dengan api sederhana . Kacau sehingga ia menjadi perang lembut. Keluarkan kuali dari api. Masukkan sirap maple, mentega berasaskan tumbuhan , dan garam secukup rasa.
g) Kacau hingga meratakan pecan. Sejukkan adunan.
h) Tuangkan kastard sejuk ke dalam mesin aiskrim anda dan kisar selama 40 hingga 50 minit, atau sehingga adunan mempunyai konsistensi aiskrim lembut.
i) Letakkannya dalam hidangan adunan. Putar dalam kacang dan sirap yang telah disejukkan.
j) Bekukan aiskrim dalam satu atau lebih bekas selama sekurang-kurangnya 2 jam, atau sehingga padat.

67. Puding Roti Cip Cinnamon

BAHAN-BAHAN:
PUDING ROTI:
- 2 cawan Separuh dan Separuh berasaskan tumbuhan
- 2 sudu besar mentega berasaskan tumbuhan
- 1/3 cawan gula
- ¼ sudu teh pala tanah
- 1 sudu teh ekstrak vanila
- 3 cawan roti, dikoyakkan
- Segenggam kerepek kayu manis

SUSU VANILA:
- 1 cawan susu berasaskan tumbuhan
- ¼ cawan mentega berasaskan tumbuhan
- 1/3 cawan gula
- 1 sudu teh vanila
- 1 sudu besar tepung
- ½ sudu teh garam

ARAHAN:
PUDING ROTI:
a) Didihkan Separuh & Separuh dan mentega berasaskan tumbuhan dalam periuk dengan api sederhana.
b) Dalam hidangan berasingan, pukul bersama buah pala, dan ekstrak vanila. Pukul dalam susu berasaskan tumbuhan yang dipanaskan dan campuran mentega berasaskan tumbuhan dengan teliti.
c) Koyakkan roti menjadi kepingan dan masukkan ke dalam bekas kaserol yang telah disediakan.
d) Sapukan adunan di atas dan atasnya dengan cip kayu manis.
e) Tutup dengan foil dan bakar selama 30 minit pada suhu 350 darjah.
f) Keluarkan foil dan bakar selama 15 minit lagi.

SUSU VANILA SUAM:
g) Cairkan mentega berasaskan tumbuhan dan campurkan tepung untuk membuat pes.
h) Masukkan susu berasaskan tumbuhan , gula, vanila, dan garam dan b cincin sehingga mendidih, kacau kerap, selama 5 minit, atau sehingga ia pekat menjadi sirap.
i) Tuangkan sos ke atas puding roti suam dan hidangkan segera.

68. Epal Karamel Bakar

BAHAN-BAHAN:
- 24 biji epal dikupas, dibuang teras dan dipotong menjadi kepingan
- 3 cawan gula perang
- ¾ cawan air
- 6 sudu besar mentega berasaskan tumbuhan
- 3 sudu teh garam
- 6 sudu besar tepung
- mentega berasaskan tumbuhan tambahan untuk dotting
- taburkan kayu manis

ARAHAN:
a) Panaskan ketuhar hingga 350 darjah Fahrenheit.
b) Dalam periuk, satukan semua bahan sos dan biarkan mendidih lembut; sos akan pekat dan bertukar menjadi tekstur karamel/kuah.
c) Edarkan epal secara sama rata di antara dua pinggan pembakar 9x13 inci, kemudian tutup dengan sos karamel dengan jumlah yang sama.
d) Sapukan mentega berasaskan tumbuhan di atas dan taburkan kayu manis di atasnya.
e) Bakar selama 1 jam, kacau selepas 30 minit.

69. Terima Kasih Pai Labu

BAHAN-BAHAN:
- 30-auns tin Pumpkin Pie Mix
- ⅔ cawan Susu berasaskan tumbuhan
- 1 kulit pai 9 inci yang belum dibakar

ARAHAN:
a) Panaskan ketuhar hingga 425 darjah Fahrenheit.
b) Dalam mangkuk adunan, satukan adunan pai labu dan susu berasaskan tumbuhan .
c) Tuangkan inti ke dalam kulit pai.
d) Bakar selama 15 minit dalam ketuhar.
e) Naikkan suhu kepada 350°F dan bakar selama 50 minit lagi.
f) Goncang perlahan-lahan untuk melihat sama ada ia sudah masak sepenuhnya.
g) Sejukkan selama 2 jam di atas rak dawai.

70.Percutian Labu Trifle

BAHAN-BAHAN:
KEK:
- 1 kotak Spice Cake , hancur dengan tangan
- 1 ¼ cawan air

PENGISIAN PUDING:
- 4 cawan susu berasaskan tumbuhan
- 4 auns campuran puding butterscotch
- 15-auns tin campuran labu
- 1½ sudu teh Rempah Labu
- 12 auns krim putar berasaskan tumbuhan ringan

ARAHAN:
a) Satukan semua bahan kek dalam loyang 8 inci persegi dan bakar selama 35 minit, atau sehingga set.
b) Sejukkan di atas dapur atau rak dawai.
c) Dalam mangkuk adunan, satukan susu berasaskan tumbuhan dan adunan puding.
d) Biarkan pekat selama beberapa minit. Campurkan labu dan rempah dengan teliti.
e) Mulakan dengan melapisi bahagian kek , kemudian separuh adunan labu , kemudian satu perempat daripada kek, dan separuh krim putar berasaskan tumbuhan
f) Ulangi lapisan
g) Hiaskan dengan topping putar dan serbuk kek . Sejukkan sehingga sedia untuk dihidangkan

71. Kek Lambak Labu

BAHAN-BAHAN:
- puri pai labu 30 auns
- 2 biji telur rami
- 1 tin susu berasaskan tumbuhan
- ½ kotak campuran kek kuning
- 1 cawan walnut cincang
- ½ cawan mentega berasaskan tumbuhan

ARAHAN:
a) Panaskan ketuhar hingga 350 darjah Fahrenheit.
b) Dengan menggunakan pengadun, satukan puri pai labu dan susu berasaskan tumbuhan .
c) Tuang bahan ke dalam loyang 11x7 atau 8x8 .
d) Pukul sedikit dalam ½ kotak adunan kek kering di atas.
e) Teratas dengan walnut cincang dan ½ cawan mentega berasaskan tumbuhan cair.
f) B ake selama kira-kira 40 minit.
g) Biarkan sejuk sehingga sedia untuk dihidangkan.

72. Cuti Puding Chia

BAHAN-BAHAN:
- 1 tin santan organik & 1 tin air , satukan d
- 8 sudu besar chia seed
- ½ sudu teh ekstrak vanila organik
- 2 sudu besar sirap beras perang

ARAHAN:
a) Campurkan santan, air, sirap beras perang, dan biji chia dalam mangkuk adunan.
b) Campurkan semuanya selama sepuluh minit.
c) Sejukkan selama 30 minit sebelum dihidangkan.
d) Masukkan 1 sudu teh vanila kisar atau ½ sudu teh ekstrak vanila organik ke dalam adunan.
e) Sudukan ke dalam mangkuk pencuci mulut dan taburkan dengan serbuk vanila atau buah pala yang baru dikisar.
f) Membiarkannya semalaman memberikan tekstur yang padat .

73.Butternut Skuasy Mousse

BAHAN-BAHAN:
- 2 cawan butternut squash, kupas & potong dadu
- 1 cawan air
- 1 sudu teh jus lemon
- 1 cawan gajus atau kacang pain
- 4 biji kurma – diadu & dibuang batang
- ½ sudu teh kayu manis
- 1 sudu teh buah pala
- 2 sudu teh ekstrak vanila organik

ARAHAN:
a) Dalam pengisar, satukan semua bahan dan kisar selama kira-kira 5 minit, atau sehingga sebati.
b) Pindahkan ke cawan hidangan individu atau hidangan hidangan besar.
c) Ini boleh dibiarkan di dalam peti sejuk semalaman, dan rasa akan sebati, menjadikannya lebih pedas.
d) Siram dengan sirap maple sebelum dihidangkan.

74.Pai Kentang Manis Selatan

BAHAN-BAHAN:
- 2 cawan ubi kupas, masak
- ¼ cawan mentega berasaskan tumbuhan yang dicairkan
- 1 cawan gula
- 2 sudu besar bourbon
- ¼ sudu teh garam
- ¼ sudu teh kayu manis tanah
- ¼ sudu teh halia kisar
- 1 cawan susu berasaskan tumbuhan

ARAHAN:
a) Panaskan ketuhar hingga 350 darjah Fahrenheit.
b) Kecuali susu berasaskan tumbuhan, satukan sepenuhnya semua bahan dalam pengadun elektrik.
c) Masukkan susu berasaskan tumbuhan dan teruskan kacau apabila semuanya sebati.
d) Tuangkan inti ke dalam kulit pai dan bakar selama 35–45 minit, atau sehingga pisau yang dimasukkan berhampiran bahagian tengah keluar bersih.
e) Keluarkan dari peti sejuk dan biarkan ia sejuk pada suhu bilik sebelum dihidangkan.

75. Kentang Manis & Kopi Brownies

BAHAN-BAHAN:
- 1/3 cawan kopi panas yang baru dibancuh
- 1-auns coklat tanpa gula, dicincang
- ¼ cawan minyak canola
- ⅔ cawan puri ubi keledek
- 2 sudu teh ekstrak vanila tulen

ARAHAN:
a) Panaskan ketuhar hingga 350 darjah Fahrenheit.
b) Dalam mangkuk, satukan kopi dan coklat 1 auns dan ketepikan selama 1 minit.
c) Dalam mangkuk adunan, satukan minyak, puri ubi keledek, ekstrak vanila, gula, serbuk koko dan garam. Gaul sehingga semuanya sebati.
d) Satukan tepung dan serbuk penaik dalam mangkuk yang berasingan. Masukkan cip coklat dan gaul rata.
e) Menggunakan spatula, kacau perlahan-lahan bahan kering ke dalam bahan basah sehingga semua bahan digabungkan .
f) Tuangkan adunan ke dalam loyang dan bakar selama 30–35 minit, atau sehingga pencungkil gigi yang dimasukkan di tengah keluar bersih.
g) Benarkan penyejukan sepenuhnya.

76. Cuti Souffle Jagung

BAHAN-BAHAN:
- 1 biji bawang
- 5 paun jagung manis beku
- 6 cawan keju Jack vegan , dicincang
- 1 sudu teh garam

ARAHAN:
a) Dalam kuali, tumis bawang dalam minyak zaitun. Mengetepikan.
b) Dalam pemproses makanan, kisar jagung.
c) Satukan dan kacau bahan lain, termasuk bawang tumis.
d) Letakkan dalam loyang 8x14 yang telah disapu mentega .
e) Bakar pada suhu 375°F selama kira-kira 25 minit, atau sehingga bahagian atas berwarna perang keemasan.

77.Aiskrim Kranberi

BAHAN-BAHAN:
PUREE CRANBERRY
- ¼ Cawan Air
- ¼ sudu teh Garam
- 12 oz Cranberry Segar, dibersihkan & diisih
- 2 Sb Jus Oren Perah Segar

AIS KRIM
- 1½ cawan Krim berat berasaskan tumbuhan
- 1½ cawan Susu berasaskan tumbuhan
- 1 Cawan Gula
- 1¼ Cawan Cranberry Puree

ARAHAN:
CRANBERRY PUREE:
a) Panaskan air, garam dan cranberry selama 6-7 minit dengan api sederhana.
b) Keluarkan dari haba dan ketepikan selama 10 minit untuk menyejukkan.
c) Dalam pengisar atau pemproses makanan, haluskan cranberi dan jus oren.
d) Sejukkan puri kranberi selama beberapa jam.

AIS KRIM
e) Satukan krim berasaskan tumbuhan, susu berasaskan tumbuhan, gula dan puri kranberi dalam mangkuk adunan.
f) Dalam mesin aiskrim, kisar bahan mengikut arahan pengilang.
g) Pindahkan adunan beku ke dalam bekas aiskrim yang telah sejuk.
h) Bekukan selama sekurang-kurangnya 4-6 jam.
i) Cairkan di dalam peti sejuk selama 5-10 minit sebelum dihidangkan.

78. Walnut Petites

BAHAN-BAHAN:
- 8 auns krim keju berasaskan tumbuhan , dilembutkan
- 1 cawan mentega vegan tanpa garam, dilembutkan
- 2 cawan tepung serba guna
- 2 biji telur rami
- 1½ cawan gula perang yang dibungkus
- 2 cawan kenari cincang

ARAHAN:
a) Panaskan ketuhar hingga 350 darjah Fahrenheit.
b) Dengan menggunakan pengadun elektrik, pukul keju krim berasaskan tumbuhan dan mentega sehingga rata.
c) Ayak tepung dan sedikit garam, kemudian kacau hingga menjadi doh. Potong kepada empat doh dan simpan dalam peti sejuk selama sekurang-kurangnya 1 jam, dibalut dengan bungkus plastik.
d) Canai setiap kepingan doh menjadi 12 bebola dan tekan setiap bola ke bahagian bawah dan ke atas tepi cawan muffin mini untuk menghasilkan kulit pastri. Sejukkan sehingga sedia untuk digunakan.
e) Dalam mangkuk adunan, pukul bersama telur rami, gula perang, dan secubit garam sehingga rata, kemudian masukkan kacang walnut.
f) Masukkan 1 sudu besar inti ke dalam setiap kulit pastri
g) Bakar secara berkelompok di tengah-tengah ketuhar selama 25 hingga 30 minit, atau sehingga inti menggelegak dan pastri berwarna keemasan sedikit.
h) Pindahkan ke rak penyejuk.

79.Cuti Souffle lobak merah

BAHAN-BAHAN:
SOUFFLÉ:
- 2 paun lobak merah segar, dikupas dan direbus
- ⅔ cawan gula
- 6 sudu makan matzoh
- 2 sudu teh vanila
- 2 batang mentega berasaskan tumbuhan, cair
- Sebiji buah pala
- 6 sudu besar gula merah
- 4 sudu besar mentega berasaskan tumbuhan, cair

TOPPING:
- 1 cawan walnut cincang

ARAHAN:
a) Haluskan semua bahan soufflé dalam pemproses makanan.
b) Proses sehingga halus.
c) Bakar selama 40 minit dalam loyang 9x13 yang telah digris pada suhu 350°F.
d) Masukkan topping dan bakar selama 5-10 minit lagi.

80. Labu Flan

BAHAN-BAHAN:
- ¾ cawan gula
- ½ sudu teh ekstrak maple tulen
- 2 sudu teh parutan kulit oren
- ½ sudu teh fleur de sel
- 1½ sudu teh kayu manis tanah
- ½ sudu teh pala tanah
- 28-auns tin susu berasaskan tumbuhan
- 1 cawan puri labu
- ½ cawan mascarpone Itali
- 1 sudu teh ekstrak vanila tulen t

ARAHAN:
a) Dalam periuk berdasar berat, satukan gula, sirap maple dan air.
b) Masak dengan mendidih perlahan, kacau sekali-sekala, selama 5-10 minit, atau sehingga adunan bertukar menjadi perang keemasan dan mencapai 230°F.
c) Keluarkan kuali dari api, pukul fleur de sel, dan tuangkan ke dalam loyang besar kek bulat dengan segera.
d) Dalam mangkuk adunan, gabungkan susu berasaskan tumbuhan, puri labu, dan mascarpone; pukul pada kelajuan rendah sehingga sebati.
e) Pukul vanila, ekstrak maple, kulit oren, kayu manis, dan buah pala bersama-sama dalam mangkuk adunan.
f) Tuang adunan labu ke dalam kuali bersama karamel perlahan-lahan supaya tidak sebati.
g) Letakkan kuali kek dalam kuali pembakar dan tuangkan air panas secukupnya ke dalam kuali pembakar sehingga separuh bahagian tepi kuali kek.
h) Bakar selama 70-75 minit di tengah ketuhar, sehingga kastard hampir tidak ditetapkan.
i) Keluarkan flan dari tab mandi air dan sejukkan sepenuhnya di atas rak penyejuk. Sejukkan sekurang-kurangnya 3 jam.
j) Jalankan pisau kecil di sekeliling tepi flan.
k) Balikkan kuali kek ke atas pinggan hidangan rata dengan sedikit bibir, dan balikkan flan ke atas pinggan. Karamel harus menitis di atas sisi flan.
l) Potong menjadi kepingan dan hidangkan dengan satu sudu karamel di atas setiap kepingan.

81. Kaserol Jagung Desa

BAHAN-BAHAN:
- 2 cawan biji jagung
- 1 sudu teh gula
- 1 sudu teh ekstrak vanila
- 1 sudu teh garam
- ¼ sudu teh lada hitam
- 1 cawan susu berasaskan tumbuhan
- 1 sudu besar mentega berasaskan tumbuhan, cair
- 2 sudu besar serbuk keropok

ARAHAN:
a) Panaskan ketuhar hingga 350°F.
b) Dalam mangkuk adunan, satukan semua bahan.
c) Tuangkan ke dalam hidangan kaserol 1-½-kuar yang tidak digris.
d) Bakar selama 40-50 minit, atau sehingga perang keemasan.

82. Cranberry Pecan Relish

BAHAN-BAHAN:
- 1 oren tanpa biji, dipotong menjadi kepingan
- 1 biji epal, dibuang biji dan dipotong menjadi kepingan
- 2 cawan cranberry segar
- ½ cawan gula
- ¼ cawan pecan

ARAHAN:
a) Dalam pemproses makanan, satukan semua bahan.
b) Proses selama 1 hingga 2 minit, mengikis bahagian tepi bekas mengikut keperluan, atau sehingga dicincang halus dan sebati sepenuhnya.
c) Hidangkan segera, atau sejukkan sehingga sedia untuk dihidangkan dalam bekas kedap udara.

83. Kek Hash Kentang

BAHAN-BAHAN:
- 2 cawan kentang tumbuk
- ¼ cawan bawang cincang
- ¼ cawan lada benggala hijau yang dicincang
- ¼ cawan serbuk roti kering
- 1 sudu teh garam
- ¾ sudu teh lada hitam
- ¼ sudu teh serbuk bawang putih
- ¼ sudu teh paprika
- ¼ cawan pasli cincang
- ½ cawan minyak sayuran

ARAHAN:
a) Dalam b owl gaul , pukul semua bahan kecuali minyak.
b) Buat penkek daripada campuran.
c) Panaskan minyak secukupnya untuk menyalut kuali dengan api sederhana; masak penkek pada setiap sisi, tambah lebih banyak minyak seperti yang diperlukan, sehingga perang keemasan, kemudian toskan pada tuala kertas.
d) Hidangkan segera.

84. Apple Crunch Cobbler

BAHAN-BAHAN:
- 4 biji epal , dikupas dan dihiris
- 2 cawan bijirin granola, dibahagikan
- ½ cawan kismis emas
- ¼ cawan sirap maple
- ¼ cawan gula perang yang dibungkus
- 2 sudu besar mentega berasaskan tumbuhan, cair
- 1 sudu teh ekstrak vanila
- 1 sudu teh kayu manis tanah
- ¼ sudu teh pala tanah
- 1/8 sudu teh bunga cengkih kisar
- 8 cawan aiskrim vanila berasaskan tumbuhan

ARAHAN:
a) Dalam periuk perlahan 4 liter, panaskan epal perlahan-lahan.
b) Dalam mangkuk, gabungkan bijirin granola dan 8 seterusnya bahan-bahan ; taburkan ke atas epal.
c) Masak pada RENDAH selama 6 jam, bertutup.
d) Hidangkan epal di atas aiskrim vanila berasaskan tumbuhan.

85. Pai Karamel Amish Gooey

BAHAN-BAHAN:
- 2 cawan gula perang ringan
- 1 cawan air
- 1 sudu besar mentega berasaskan tumbuhan
- ¾ cawan tepung serba guna
- ¾ cawan susu berasaskan tumbuhan
- 1 sudu teh ekstrak vanila
- Kerak pai bakar 9 inci
- 1 cawan pecan separuh

ARAHAN:
a) Didihkan gula perang, air dan mentega berasaskan tumbuhan dalam periuk dengan api sederhana; reneh selama 3 hingga 5 minit, kacau selalu.
b) Dalam mangkuk, pukul bersama tepung, dan susu berasaskan tumbuhan .
c) Masukkan campuran tepung perlahan-lahan ke dalam adunan mendidih selama 3 hingga 5 minit, kacau selalu.
d) Keluarkan dari api, campurkan ekstrak vanila, dan ketepikan untuk menyejukkan selama 5 minit.
e) Tuangkan inti ke dalam kerak pai yang telah dimasak dan atasnya dengan separuh pecan.
f) Ketepikan selama 30 minit untuk menyejukkan sebelum disejukkan selama 8 jam atau semalaman.

86. Daun musim luruh

BAHAN-BAHAN:
- 1 kerak pai sejuk yang digulung
- 2 sudu besar mentega berasaskan tumbuhan, cair

ARAHAN:
a) Panaskan ketuhar hingga 350°F.
b) Potong bentuk daun daripada kerak pai dengan stensil , pisau tajam atau pemotong biskut.
c) Skor garisan pada potongan "daun" dengan pisau untuk menyerupai urat pada daun asli, tetapi jangan potong melalui kerak.
d) Untuk mencipta lengkungan semula jadi semasa membakar, letakkan keratan pada helaian kuki atau gantungkan di atas kerajang aluminium yang diikat.
e) B sapu potongan dengan mentega berasaskan tumbuhan yang dicairkan.
f) Bakar selama 3 hingga 5 minit, sehingga kekuningan .

87.Kolak Buah Tuai

BAHAN-BAHAN:
- 5 biji epal, potong 1 inci
- 3 biji pir, potong 1 inci
- 3 biji oren, kupas dan belah
- Pakej 12-auns cranberi segar
- 1½ cawan jus epal
- 1½ cawan gula perang muda yang dibungkus

ARAHAN:
a) Satukan semua bahan dalam periuk sup dan biarkan mendidih dengan api sederhana.
b) Kecilkan api dan masak, kacau secara berkala, selama 10 hingga 15 minit, atau sehingga buah lembut.
c) Setelah buah sejuk, masukkan ke dalam bekas kedap udara dan simpan di situ sehingga sedia untuk dihidangkan.

88.Pai cranberry percutian

BAHAN-BAHAN:
- 2 kerak pai
- 1 pek gelatin; rasa oren
- ¾ cawan Air mendidih
- ½ cawan jus oren
- 8-auns tin sos kranberi jeli
- 1 sudu kecil Kulit oren parut
- 1 cawan Susu sejuk berasaskan tumbuhan
- 1 pek Puding segera Jell-O , perisa vanila Perancis atau vanila
- 1 cawan Topping sebat Cool Whip
- Cranberi beku

ARAHAN:
a) Panaskan ketuhar hingga 450°F
b) Biarkan gelatin mendidih dan larutkan. Tuangkan jus oren. Letakkan mangkuk dalam mangkuk ais dan air yang lebih besar. Biarkan selama 5 minit, kacau selalu, sehingga gelatin sedikit pekat.
c) Masukkan sos cranberry dan kulit oren dan kacau hingga sebati. Isikan kerak pai dengan inti. Sejukkan selama kira-kira 30 minit, atau sehingga ditetapkan.
d) Saya ke dalam mangkuk, tuangkan separuh dan separuh . Masukkan adunan inti pai. W hisk sehingga sebati.
e) Ketepikan selama 2 minit, atau sehingga sos agak pekat. Akhir sekali, masukkan topping putar.
f) Sapukan campuran gelatin di atas perlahan-lahan. Sejukkan selama 2 jam atau sehingga kaku.
g) Jika suka, letakkan lebih banyak topping putar dan Cranberry Frosted.

89. Cranberry berkilauan

BAHAN-BAHAN:
- 1 cawan sirap maple tulen
- 2 cawan cranberry segar
- 1 cawan gula
- Kertas perkamen

ARAHAN:
a) Masak sirap maple selama 1 hingga 2 minit dalam periuk dengan api sederhana rendah.
b) Tutup api dan campurkan cranberry.
c) Sejukkan selama 8 hingga 12 jam, bertutup.
d) D menghujani cranberry.
e) Masukkan 4 hingga 5 cranberry ke dalam gula pada satu masa, perlahan-lahan melambung hingga bersalut.
f) Letakkan cranberry dalam satu lapisan pada lembaran penaik yang disalut dengan kertas parchment dan ketepikan untuk kering sepenuhnya.

90. Kek Vegan Labu

BAHAN-BAHAN:
- 2 cawan tepung badam yang telah dicelur
- ½ cawan hidangan biji rami
- 2 sudu teh kayu manis tanah
- beberapa titis stevia
- ½ sudu teh garam natrium rendah
- 1 cawan puri labu
- 1 sudu besar ekstrak vanila

ARAHAN:
a) Satukan tepung badam, tepung biji rami, kayu manis, dan garam rendah natrium
b) Dalam mangkuk yang berasingan, pukul labu, dan ekstrak vanila .
c) Satukan bahan kering dan basah untuk membentuk adunan r.
d) Sendukkan adunan ke atas loyang yang telah berlapik .
e) Bakar pada 350°F selama 25 minit .

91. Pumpkin

BAHAN-BAHAN:
- 1 cawan labu
- 1 sudu teh kayu manis tanah
- ¼ sudu teh halia kisar
- 2 secubit buah pala yang baru diparut
- secubit garam
- 1 cawan santan
- 8-10 titis cecair stevia
- 1 sudu teh ekstrak vanila organik

ARAHAN:
a) Panaskan ketuhar anda hingga 350ºF.
b) Campurkan labu dan rempah dalam a mangkuk.
c) Campurkan bahan-bahan lain sehingga sebati sepenuhnya.
d) Pindahkan adunan kepada 6 ramekin.
e) masukkan kerang dalam kaserol,
f) Masukkan air ke dalam kaserol di sekeliling ramekin.
g) Bakar selama sekurang-kurangnya 1 jam.

92.C kek keju hocolate-gula-gula

BAHAN-BAHAN:
- Kotak 9-auns biskut wafer coklat; hancur
- ¼ cawan Gula
- ¼ cawan Mentega berasaskan tumbuhan ; cair
- 2 bar nougat karamel-kacang bersalut coklat; dicincang kasar
- 2 pek keju krim berasaskan tumbuhan; dilembutkan
- ½ cawan Gula
- ¾ cawan cip coklat separuh manis; cair
- 1 sudu teh Vanila
- Krim putar berasaskan tumbuhan

ARAHAN:
a) 3 bahan pertama ; tekan gaul rata ke bahagian bawah dan sisi atas 1-½" loyang springform 9" .
b) Taburkan bar nougat cincang secara merata di bahagian bawah; mengetepikan.
c) Pukul keju krim berasaskan tumbuhan pada kelajuan tinggi dengan pengadun sehingga ia ringan dan gebu.
d) Masukkan gula secara beransur-ansur, gaul rata.
e) Kacau dalam cip coklat dan vanila; pukul sehingga sebati. Sudu di atas lapisan gula-gula. Bakar pada suhu 350° selama 30 minit.
f) Keluarkan dari ketuhar dan jalankan pisau di sekeliling tepi kuali untuk melepaskan sisi.
g) Biarkan sejuk pada suhu bilik pada rak dawai.
h) Tutup dan sejukkan selama sekurang-kurangnya 8 jam.
i) Untuk menghidangkan, keluarkan kek keju dari kuali ; paip atau dollop krim putar berasaskan tumbuhan di atas.

MINUMAN

93. Pukulan carol Krismas

BAHAN-BAHAN:
- 2 epal merah sederhana
- hirisan oren
- 2 sudu kecil cengkih keseluruhan
- ½ cawan Kismis
- 8 batang kayu manis
- ¼ cawan jus lemon
- 2 liter cider epal jernih
- hirisan lemon

ARAHAN:
a) Epal inti, potong menjadi cincin ½ inci .
b) Dalam ketuhar Belanda, gabungkan cider, kayu manis, cengkih, cincin epal dan kismis.
c) Didihkan; kecilkan api dan reneh selama 5 hingga 8 minit atau sehingga epal empuk sahaja.
d) Masukkan hirisan oren dan lemon serta jus lemon.
e) Tuang ke dalam mangkuk punch.
f) Masukkan ke dalam cawan besar, termasuk cincin epal, beberapa kismis, rempah ratus dan hirisan sitrus dalam setiap hidangan.
g) Hidangkan dengan sudu.
h) Jika cuaca sangat sejuk, tambah sedikit brendi atau tambah brendi juga.

94.Teh manis

BAHAN-BAHAN:
- 1 gelen air mendidih
- 3 uncang teh hitam saiz keluarga
- 2½ cawan gula pasir
- ¼ sudu teh baking soda
- Daun pudina, untuk hiasan

ARAHAN :
a) Tuangkan air panas ke dalam periuk, kemudian masukkan ke dalam uncang teh.
b) Biarkan uncang teh selama 15 hingga 20 minit, kemudian keluarkannya.
c) Tuangkan gula dan baking soda. Kacau sehingga gula dan baking soda larut.
d) Tutup teh dan sejukkan sehingga ia elok dan sejuk kira-kira 2 jam.
e) Hiaskan dengan pudina sebelum dihidangkan.

95. Limau Perah Segar

BAHAN-BAHAN:
- Jus daripada 8 biji limau besar
- 6 cawan air
- 1¼ cawan gula pasir
- 1 lemon, dihiris

ARAHAN :
a) Dalam periuk besar, satukan jus lemon dengan air dan gula.
b) Kacau sehingga gula larut . Sejukkan sehingga sejuk, kira-kira 1 jam.
c) Tuangkan air limau ke atas ais, dan tambahkan hirisan lemon pada setiap gelas sebelum dihidangkan.

96. Blackberry Wine Slushies

BAHAN-BAHAN:
- 3 cawan beri hitam beku
- 1 sebotol Blackberry Merlot
- ¼ cawan gula tepung
- Daun pudina, untuk hiasan

ARAHAN :
a) Letakkan beri hitam ke dalam pengisar dan tuangkan merlot.
b) Taburkan gula tepung.
c) Kisar kesemuanya sehingga sebati dan sebati.
d) Hiaskan dengan pudina.

97.Citrus Sangria

BAHAN-BAHAN:
- Botol 750 mililiter Moscato manis
- 1½ cawan jus nanas
- 1 cawan rum putih
- 1 cawan ketulan nanas
- 2 biji limau nipis, dihiris
- 2 biji oren, dihiris

ARAHAN :
a) Satukan semua bahan ke dalam periuk dan kacau.
b) Sejukkan sekurang-kurangnya 2 jam sebelum dihidangkan.

98.Margarita Tembikai

BAHAN-BAHAN:
- 2 cawan air
- 1 cawan gula pasir
- 1½ cawan jus limau nipis yang baru diperah
- 8 cawan kiub tembikai tanpa biji, beku
- 1 cawan tequila perak
- ½ cawan triple sec
- Garam kasar, untuk rim
- Hirisan tembikai, untuk dihidangkan
- Baji limau nipis, untuk dihidangkan

ARAHAN :

a) Dalam periuk sederhana di atas api sederhana, satukan air, gula, dan jus limau. Kacau sehingga gula larut sepenuhnya . Tutup api dan biarkan sirap sejuk.

b) Masukkan sirap, tembikai, tequila dan triple sec yang telah disejukkan ke dalam pengisar. Kisar sehingga semuanya elok dan halus.

c) Basahkan tepi cermin mata anda, kemudian garamkannya. Tuangkan margarita dan tambahkan hirisan limau nipis dan hirisan tembikai pada setiap gelas sebelum dihidangkan.

99.Mimosa Nanas

BAHAN-BAHAN:
- Botol 750 mililiter wain putih berkilauan
- 2 cawan jus nanas
- ½ cawan jus oren
- Hirisan oren, untuk dihidangkan
- Hirisan nanas, untuk dihidangkan

ARAHAN :
a) Gabungkan wain putih berkilauan, jus nanas dan jus oren.
b) Kacau sehingga sebati.
c) Isikan gelas champagne dan masukkan hirisan buah pada rim sebelum dihidangkan.

100.Pukulan Buah

BAHAN-BAHAN:
- 6 cawan penumbuk buah
- 3 cawan jus nanas
- 2 cawan pic schnapps
- 2 cawan rum putih
- 1 cawan soda lemon-limau
- ¼ cawan jus limau nipis
- 2 biji limau nipis, dihiris dan dibekukan
- 1 oren besar, dihiris dan dibekukan

ARAHAN :
a) Satukan penumbuk buah, jus nanas, pic schnapps, rum, soda dan jus limau nipis dalam periuk besar.
b) Kacau sehingga sebati, kemudian tutup dan sejukkan sehingga elok dan sejuk.
c) Tuangkan punch buah ke dalam mangkuk besar, kemudian masukkan buah beku.
d) Hidangkan dan nikmati!

KESIMPULAN

Semasa kami mengakhiri perjalanan perayaan kami melalui "Buku Masakan Percutian Vegan Terunggul," kami berharap anda telah mengalami kegembiraan mencipta jamuan berkuasa tumbuhan yang meraikan kekayaan, rasa dan kelimpahan masakan percutian vegan. Setiap resipi dalam halaman ini adalah perayaan belas kasihan, kreativiti dan kemungkinan lazat yang dibawa oleh bahan berasaskan tumbuhan ke meja perayaan anda—bukti perayaan yang meriah dan tidak dapat dilupakan pada musim cuti vegan.

Sama ada anda telah menikmati kehangatan panggang percutian klasik, menerima kreativiti pembuka selera berkuasa tumbuhan atau gemar dengan pencuci mulut yang menarik perhatian, kami percaya bahawa resipi ini telah menyemarakkan semangat anda untuk memasak percutian vegan. Di luar ramuan dan teknik, semoga konsep "Buku Masakan Percutian Vegan Terunggul" menjadi sumber inspirasi, perayaan dan bukti kegembiraan yang datang dengan setiap ciptaan perayaan berkuasa tumbuhan.

Sambil anda terus menerokai dunia masakan percutian vegan, semoga buku masakan ini menjadi teman anda yang dipercayai, membimbing anda melalui pelbagai resipi yang mempamerkan kekayaan dan kepelbagaian masakan berkuasa tumbuhan. Inilah untuk menikmati kegembiraan jamuan percutian vegan, mencipta hidangan yang tidak dapat dilupakan dan menerima kelazatan yang datang dengan setiap perayaan berkuasa tumbuhan. Selamat memasak dan selamat bercuti!

www.ingramcontent.com/pod-product-compliance
Lightning Source LLC
Chambersburg PA
CBHW071850110526
44591CB00011B/1366